中欧前沿观点丛书
（第二辑）

丛书顾问：汪泓　迪帕克·杰恩（Dipak Jain）
　　　　　丁远　张维炯
主　　编：陈世敏
执行编辑：袁晓琳

院长的话

中欧国际工商学院（下称"中欧"，创建于1994年）是中国唯一一所由中国政府和欧盟联合创建的商学院。二十余载风雨兼程，伴随着中国经济稳步迈向世界舞台中央的历史进程，中欧从西方经典管理知识的引进者，逐渐成长为全球化时代中国管理知识的创造者和传播者，走出了一条独具特色的成功之路，建成了一所亚洲领先、全球知名的商学院。中欧以"认真、创新、追求卓越"为校训，致力于培养兼具中国深度和全球广度、积极承担社会责任的商业领袖，被中国和欧盟的领导者分别誉为"众多优秀管理人士的摇篮"和"欧中成功合作的典范"。目前，中欧在英国《金融时报》全球MBA百强榜单中已连续四年稳居前十，在其全球EMBA百强榜单中连续四年位居前五。

中欧拥有世界一流的教授队伍，其中有80余位全职教授，来自全球十余个国家和地区，他们不仅博学善教，也引领商业知识的创造。中欧的教授队伍中既有学术造诣深厚、连续多年引领"高被引学者"榜单的杰出学者，又有实战经验丰富的企业家和银行家，以及高瞻远瞩、见微知著的国际知名政治家。受上海市政府委托，中欧领衔创建"中国工商管理国际案例库"（ChinaCases.Org），已收录中国主题精品案例2000多篇，被国内外知名商学院广为采用。中欧还独创"实境教学法"，引导商业精英更好地将理论融入实践，做到经世致用、知行合一。

2019年起，中欧教授中的骨干力量倾力推出"中欧前沿观点丛书"，希望以简明易懂的形式让高端学术"飞入寻常百姓家"。我们希望这套丛书能够给予广大读者知识的启迪、实践的参照，以及观察经济社会的客观、专业的视角；也希望随着"中欧前沿观点丛书"

的不断丰富，它能成为中欧知识宝库中的一道亮丽风景线。

汪泓教授

中欧国际工商学院院长

迪帕克·杰恩（Dipak Jain）教授

中欧国际工商学院欧方院长

总　序

　　继 2019 年 11 月首批 6 本"中欧前沿观点丛书"在中欧 25 周年庆典上亮相之后，"中欧前沿观点丛书"第二辑终于又和读者见面了。

　　丛书第一辑面世后，因其对中国经济社会与管理问题客观、专业的观察视角和深度解读而受到了读者的广泛关注和欢迎。对于中欧来说，"中欧前沿观点丛书"也具有里程碑式的意义，它标志着中欧已从西方经典管理知识的引进者，逐渐成长为全球化时代中国管理知识的创造者和传播者。

　　中欧成立至今还未到 30 年，却已是一所亚洲领先、全球知名的商学院。尤其近几年来，中欧的课程建设屡创佳绩：MBA课程在英国《金融时报》全球MBA百强榜单中连续四年稳居前十，Global EMBA课程连续三年位居前五，2020年更是跃居全球第二，卓越服务EMBA课程荣获EFMD课程认证体系认证，DBA课程正式面世……在这些高质量课程的引导下，中欧的学生和校友也成绩斐然：截至2021年8月，已有14家中欧校友企业进入《财富》世界500强，11位校友荣登2021福布斯中国最佳CEO榜，更让人骄傲的是，中欧校友总会因在抗疫战役中的优秀表现，荣获了"2020中国社会企业与影响力投资论坛向光奖组委会奖"……这些成就，让我们看到了中欧的竞争力、创造力和生命力。而这一切，都与学院拥有一支卓越的国际化教授队伍密不可分。

中欧教授们来自全球十多个国家和地区，国际师资占比60%。在英国《金融时报》的权威排名中，中欧师资队伍的国际化程度稳居全球前列。中欧的教授学术背景多元，研究领域广泛，学术实力强劲，在爱思唯尔中国高被引学者榜单"商业、管理和会计"领域，中欧教授连续6年上榜人数位居第一。在学院的学术研究与实境研究双轮驱动的鼓励下，教授们用深厚的学术修养和与时俱进的实操经验不断结合国际前沿理论与中国实践，为全球管理知识宝库和中国管理实践贡献智慧。例如，学院打造"4+2+X"跨学科研究高地，挖掘跨学科研究优势；学院领衔建设的"中国工商管理国际案例库"（ChinaCases.Org）迄今已收录2000多篇中国主题案例，为全球管理课堂教学与管理实践助力。尤为值得注意的是，在这全球面对疫情逆境、备感压力的两年间，中欧教授从各自领域出发，持续为企业复产和经济复苏建言献策。同时，在"十四五"的开局之年，中欧教授提交各类政策与建言，涵盖宏观经济、现金流、企业风险管理、领导力、新零售等众多领域，引发广泛关注，为中国乃至全球企业管理者提供决策支持，助力全球经济的疫后复苏。

中欧教授承担了大量的教学与研究工作，但遗憾的是，他们无暇著书立说、推销自己，因此绝大多数中欧教授都"养在深闺人未识"。这套"中欧前沿观点丛书"就意在弥补这个缺憾，让这些"隐士教授"向大众读者露个脸，让不曾上过这些教授课程的读者领略一下他们的学识和风范，同时也让上过这些教授课程的学生与校友们重温一下曾经品尝过的思想佳肴，更重要的是，让中欧教授们的智慧与知识突破学术与课堂的限制，传播到更多人的眼前。

作为丛书第二辑，此次依然延续第一辑的特点：首先，每本书都有足够丰富和扎实的内容，满足读者对相应主题的知识和信息需求；其次，虽然书稿内容都富含专业信息，但又举重若轻、深入浅出，既能窥得学术堂奥，又通俗易懂、轻便好读，甚至随时随地都能读上几页；最后，这些书虽由教授撰写，但都贴合当下，对现实有指导和实践意义，而非象牙塔中的空谈阔论。我想，做到了以上这三点，这套丛书就能达到我们的期望，为读者带去一些知识的补给与阅读的乐趣。聚沙成塔，汇流成河，我们也希望在未来的日子里，有更多的教授能够通过"中欧前沿观点丛书"这个平台分享思想火花，也希望这套丛书能不断丰富，成为中欧知识宝库中一道亮丽的风景线，为中国乃至世界的经济与商业进步奉献更多中欧智慧，贡献更多积极力量！

主编　陈世敏
中欧国际工商学院会计学教授、
朱晓明会计学教席教授、案例中心主任

前　言

我们所处的时代正在发生巨大而深刻的变化，而这一变化的一大推手就是数字化。今天，数字化早已不是什么新鲜事物，几乎成为所有企业奋力追求的目标。根据2020年9月国家互联网信息办公室印发的《数字中国建设发展进程报告（2019年）》，2019年中国数字经济保持快速增长，数字经济增加值规模达到35.8万亿元，占国内生产总值（GDP）的比重达到36.2%，对GDP增长的贡献率为67.7%。

毫无疑问，数字经济已经成为引领经济增长的新引擎。随着数字经济的发展风起云涌，新一轮科技革命和产业革命正在孕育突破，人类社会将迈入工业化与信息化深度融合并向智能化跨越的崭新时代，从人工智能、大数据、物联网、云计算到区块链，从无人驾驶、智慧医疗、机器人到计算机视觉，新的"风口"似乎让人眼花缭乱、应接不暇。

企业的数字化和智能化使得新技术和新商业模式层出不穷，同时也使得今天企业所处的经营环境越来越变幻莫测。现在，人们习惯于借用一个军事术语"VUCA"来描述我们这个时代商业世界的特征：易变性（volatility）、不确定性（uncertainty）、复杂性（complexity）、模糊性（ambiguity）。多变的时代，意味着更多新的机会，也意味着更大的挑战。企业似乎都想抓住时代赋予的机会，积极主动地向数字化转型。而在此过程中，企业也越来越意识到，在今天这个数智时代，经营管理正在面临越来越多意想不到的巨大挑战，而最大的挑战之一仍然是企业的人才管理问题。

曾经担任美国通用电气CEO的杰克·韦尔奇说过："人力资源负责人在任何企业中都应该是二号人物。"人力资源管理在企业管理中的重要性，由此可见一斑。从某种意义上说，企业的人才管理决定着企业能否健康、可持续地发展。企业的竞争优势也与企业的人才战略密不可分。要制定独特的、有竞争力的人才战略，企业需要思考一些根本性的问题：我们的核心价值观是什么？我们需要什么样的人才？我们应该如何进行知识共享？我们应该如何考评和奖励员工？我们应该如何引领组织变革？……这些问题定义了企业人才战略的基石——企业文化、团队建设、知识共享、绩效管理和组织发展，也就是我们于2013年出版的《人才发展五星模型：全面提升企业人才竞争力》一书所提及的五个维度。

人才发展五星模型，在读者中引起了巨大的共鸣。好几年过去了，时代也发生了不小的变化，不少读者希望看到该书的升级版。为了感谢与回馈热情的读者，我们决定根据当今数智时代的特点，精简、更新书中的绝大部分内容，进行再版。尽管时代在不断变化，但万变不离其宗，人才发展五星模型作为一个实用工具，今天依然适用于企业的人才发展实践。鉴于此，在本书中我们将保留原书的大框架，用数智时代的全新释义从五个维度进行解读和论述，同时用企业实践的最新案例替换原来的案例。

全书分为七章。第1章主要讲述了企业竞争优势的源泉，以及人才发展五星模型在数智时代的新内涵。第2~6章，分别介绍了人才发展五星模型中五大维度的具体内容、特点、实施策略，以及相关案例。其中，第2章讲企业文化，它是人才发展的导向；第3章讲团队建设，它是人才发展的关键步骤；第4章从知识共享的维度讲数智时代的知识共享系统建设对于人才发展的意义，并阐释了如何促进组织内部进行知识共享；第5章着重讲述了绩效管理的一些工具，以及数字化绩效管理的优势；第6章围绕组织发展，介绍了数智时代各种各样崭新的组织形式、变革管理和领导力发展。第7章是对全书的总结，概述了企业持续成长之道离不开人才的培养与发展，并对人才发展五星模型中五个维度的相互关系、实施关键做了梳理和分析。

真心希望人才发展五星模型在数智时代的升级版能够一如既往地给读者带来启迪和助益。本书得到了多位专业人士的支持和帮助，中欧国际工商学院的张菱、仲进为本书做了大量工作，在此一并表示诚挚的感谢！

目　录

院长的话

总序

前言

第1章　人才发展五星模型　/ 1

企业竞争优势的源泉　/ 3

什么是五星模型　/ 5

五星模型的核心要素及其角色　/ 9

第2章　导向：企业文化　/ 13

新关系格局　/ 17

新的文化特征　/ 24

案例2-1　天猫新零售平台赋能零售品牌　/ 27

案例2-2　飞利浦的客户共创工作坊　/ 32

案例 2-3　木屋烧烤员工的自愿减薪　/ 35

案例 2-4　疫情下的共享员工　/ 36

第 3 章　关键：团队建设　/ 39

人才规划　/ 43

人才招募　/ 48

案例 3-1　"三个问题"的人工智能招聘　/ 53

虚拟团队　/ 58

案例 3-2　洛客设计师的一天　/ 65

第 4 章　挖潜：知识共享　/ 67

多层面的知识共享系统　/ 71

案例 4-1　科大讯飞的开放平台　/ 73

案例 4-2　施耐德知识共享助推研发　/ 75

影响知识共享的因素　/ 78

利他的"师徒制"　/ 81

案例 4-3　蔡司（中国）的"帮扶制"　/ 82

案例 4-4　海底捞独特的师徒制　/ 83

第 5 章　手段：绩效管理　/ 87

传统绩效管理体系的弊病　/ 91

案例 5-1　索尼绩效考核的副作用　/ 93

数字化绩效管理的优势 / 95

案例 5-2　滴滴和新零售的绩效制 / 102

OKR：赋能员工的绩效工具 / 106

第 6 章　保障：组织发展 / 115

柔性化组织 / 119

案例 6-1　微信生态圈 / 126

快速迭代的变革管理 / 131

案例 6-2　林清轩的新零售 / 134

案例 6-3　向智能制造转型的美的 / 138

数智时代的领导力 / 141

第 7 章　五星模型助力人才发展 / 145

数智时代的新挑战 / 147

五星模型：一个解决方案 / 150

实施和应用的关键 / 154

第1章 人才发展五星模型

企业竞争优势的源泉

企业要获得可持续发展，最关键的因素是什么？对于企业来说，它的竞争优势源泉究竟是什么？通过大量的研究，我们知道这种竞争优势来自企业对自身技术能力、财务能力、战略能力的整合，也就是我们常说的组织能力。那么组织能力又是通过什么来体现的呢？它是企业通过独特的人力资源杠杆，通过优化内部的流程和架构而打造的一种让企业在市场当中"赢"的竞争力。组织能力的首要特点是能为客户创造价值，它对这家企业来说是独特的、难以复制的、可以传承的，所以它本身就是企业的竞争力。

仔细分析组织能力这样一种由人、流程和机制所打造的竞争力，我们可以直接地观察到，"人"其实是实现这种竞争力的关键，也就是我们常说的人才发展战略。当考虑组织能力的时候，我们要仔细思考在企业中我们是否拥有有效的组织。当我们在想是否拥有有效的组织时，一定要去思考企业文化是否适合我们的发展，企业的架构是否能让员工和各个部门有效地合作、协调、产生相互作用，企业的评估和奖励系统是否在奖励我们所倡导的行为、所想看到的结果。此外，我们还需要考虑招聘的员工是否有合适的能力，是否质和量兼备。但归根结底，我们要问的是，是否有人才，以及是否有合适的人才来保证企业的不断发展。

对于以上这些问题，我们不能割裂地看，要了解它们之间是如何相互穿插、发生作用的。我们要思考是哪些因素帮助我们决定人才战略，它们是：我们的**企业文化**、**团队建设**，即我们要什么样的人；如何进行**知识共享**，怎样提高人的综合能力，在哪里寻找知识源泉，如何应用信息系统进行知识共享；我们用什么样的办法去考评、奖励员工，怎样确定岗位职责的内容和企业所需人才的标准，也就是所谓的**绩效管理**；**组织发展**，即我们如何看待组织结构变革的能力和领导力的开发。这五个杠杆成为我们人才发展战略的基点，而且这五个杠杆必须是相互作用、相互匹配的。同时，从组织绩效层面来说，人才发展战略给我们带来的是组织效率，也是企业竞争力的源泉。这就是本书所呈现给大家的提升组织效能的模型——人才发展五星模型。

什么是五星模型

五星模型,是以组织战略为导向,配合企业不同阶段的发展目标,进行全方位组织人才管理的一个工具。该模型可以使组织在高效的运行中,为员工个人发展提供足够的支持和空间,发展互相投资型的组织员工关系,促进人才发展,最终实现组织的战略目标及可持续发展。

在商业社会进入数字经济时代的背景下,五星模型是帮助企业打造数字化组织能力,全方位实施数字化转型战略的一个工具。该模型可以使组织变得更灵活、更高效,赋予组织更强的适应能力和变革能力,同时也帮助组织的各类人才获得更大的发展。总之,五星模型旨在成为数智时代全面提升企业组织效能的有效工具。

模型理念:构建人才发展能力

企业之间的竞争日益集中于人才的竞争,而对于人才，企业不能仅仅停留于在市场上招聘到可胜任的员工，更重要的是在他们进入公司以后促进其技能和综合实力的成长。除了对员工的技能培训等基本责任外，企业如果能从互相投资、共同发展的角度考虑，则更有利于发挥员工的潜能，这对组织的发展和成功也非常关键。因此，五星模型的核心理念是致力于构建互相投资型组织员工关系。

现在数字技术正在全球范围内产生巨大变革，颠覆着人类的工作、生活及互联互通方式，颠覆着商业的游戏规则，也颠覆着企业传统的运营和管理方式。适应数智时代的发展，不被生态系统所淘汰，并借助技术创新和模式创新对自身进行"升级"，日益成为数智时代至关重要的企业竞争优势，而这种竞争优势的奠基石，就是企业在新形势下的人才发展能力。因此，五星模型的核心理念也是致力于构建数智时代更为灵活高效的人才发展能力。

模型目标：促进组织与个体共赢

关于企业中的"人"，有不同的称谓，最为广泛使用的是人力资源或人力资本。传统人力资源管理强调的是如何留住员工，如何保持组织成员的稳定，但这样的理念已经过时。数智时代，不是组织雇用员工，而是员工使用组织的基础设施和公共服务实现自己的理想。以"90后"为主的新生代员工更注重个体的独立性和工作带来的意义，工作动机从物质等外部驱动力转向实现自我的内在驱动力。同时，技术的发展也大大降低了自由职业者的门槛，专业型自由职业者的人数激增。

组织的管理者需要从传统的管理、监督、控制和激励逐渐转向为个体提供创新的环境和工作、赋能个体，并成就个体的目标和理想。组织与个体之间相互投资，建立高度信任，打造平等、互利和可持续的合伙人关系。个体的成长与组织的发展和成功互为依托，组织的发展要依靠个体的成长来实现，个体的成长又要依靠组织搭建的平台，有赖于组织的成功。组织与个体只有共同发展和成长，才能实现共赢。

模型功效：实现组织战略目标

不管是员工导向还是人才发展，五星模型（见图1-1）最终致力于推进组织战略目标的实现和可持续发展。要实现这一目标，首先组织需要根据战略调整或改进相关组织和管理要素,包括企业文化、团队建设、知识共享、绩效管理和组织发展,来为组织培育合适的人才,并通过员工个人的发展,包括无形的技能和有形的工作绩效,促成组织目标的实现。因此,五星模型可以说是在员工导向下实施一系列配合行动,并最终实现组织战略目标的工具。

图 1-1　五星模型示意图

上述组织和管理要素,在数智时代具有了全新的工具、实践、特点或流程。在这个不断调整的过程中,组织将变得更具有灵活性和适应性,具有更好的与外部环境的连接性,并在与人才及各利益相关方的协作与合作中获得共赢,最终实现组织的目标。

五星模型的核心要素及其角色

企业文化

企业文化是一个组织的灵魂所在,如同人的思想和价值观,对其态度、行为有决定性的影响。企业文化在很大程度上表现为组织所倡导和遵行的核心价值观,并通过各种制度尤其是行为规范将其传递给组织成员,进而倡导并形成积极的组织氛围。企业文化首先对组织制度产生影响,进而直接对组织成员的某些行为有所规范。同一文化会对某些行为加以鼓励和促进,而对另一些行为产生束缚甚至压制。组织成员的行为构成团队和组织的行为,会直接影响组织的绩效。因此,企业文化起着指引的作用。在数智时代,企业文化的特征与工业时代迥然不同。

团队建设

团队建设是保障一个组织的各个部分良好运行的关键。如同人体一样，有了骨骼、血肉和精神后，要想健康发展，还要求每个身体部位都有良好的机能，这样才能发挥整体的力量，并激发更大的潜力。在人才规划中，岗位胜任力模型的构建是重中之重，它是人才甄选、培育和晋升等各个环节的重要标准。在数智时代，企业必须更快地适应外部和内部快速变化的环境，作为组织或团队完成目标以及达成高绩效的基石，岗位胜任力模型也需要与时俱进。人工智能在商业和公共领域的应用已小有成就，在人才招聘中也开始崭露头角。全球化趋势、组织结构的日益网络化和柔性化，以及员工与企业关系的灵活多样化，使得远程办公渐成趋势，尤其在2020年新冠肺炎疫情期间，几乎所有组织都开启了远程办公。管理好虚拟团队，充分发挥虚拟团队的优势，是数智时代组织建设不可或缺的部分。

知识共享

众所周知，知识就是力量。知识贵在传播、分享进而运用到实践中，并在此过程中产生新的知识。数智时企业文化和企业战略是领导者手中的两个重要工具：企业战略明确企业的发展目标，而企业文化则从愿景、使命、价值观和信念的角度描述这个目标，并通过集体共识和原则引导员工行为。企业文化让员工在组织氛围里清楚地了解，哪些行为是被鼓励的，哪些行为是不被鼓励的；哪些态度是被接受的，哪些态度是被排斥的。企业文化如果与组织的战略目标、个人的价值观和需求相辅相成，将释放出巨大的能量，帮助组织打造强劲的增长驱动力。

企业文化有共有、广泛、持久和隐含四大特征。"共有"是指企业文化是一种群体现象，不会单独存在于个体，也不是个体的平均特质，企业文化根植于共同的行为、价值观和观念。"广泛"是指企业文化的影响力范围非常广泛，渗透到组织的各个层级和各个角落，覆盖所有人员，体现在集体行为、组织习惯、传统传承和物理环境等方面。"持久"是指企业文化长期引导组织的思想和行为。企业文化在集体工作和学习中逐渐形成，然后不断自我强化，越来越难以被影响和改变。在企业文化的强化过程中，人们被与自身特质和价值观相近的组织所吸引，然后组织选择能够融入的个体，无法融入的个体则逐渐离开。"隐含"是指企业文化是一种微妙的氛围，很多时候只能靠直觉去感知它的存在，只能意会而难以言传。

每家企业都有属于自己的独特文化，这种独特性很大程度上与企业的创始人或领导者有关。每种企业文化都有优势和劣势，并没有好坏高下之分。重要的是，企业文化需要与企业战略、发展阶段、业务领域等方面相匹配。企业文化是非正式的控制机制，其核心作用是对内产生凝聚力，对外具有适应性。良好的企业文化能够把员工团结在一起，并能适应环境的发展而产生自我驱动。

企业文化需要随着企业的战略、成长阶段和业务领域不断变化而演变。企业需要根据当前及未来的战略目标设计、改进文化内容，进而提升战略效果。企业文化需要随着时代发展而发展。回顾商业发展史不难发现，那些改变企业命运的伟大变革，很多都是以文化为主要推动力实现的。

新关系格局

数智时代催生的新型商业游戏规则正逐步改变商业社会的方方面面。在新的规则下，企业所处的关系格局发生了巨大变化，其中包括企业与企业之间、企业内部层级及部门之间，以及企业与员工之间的关系。

企业与企业关系的转变。企业各自为政的传统格局正在被打破，企业与顾客、企业与供应商、企业与其他利益相关方的相互作用和相互影响日益密切。企业正在经历从独立发展向互联合作的大转变。企业与企业之间开始建立平等、互利和共赢的关系。

传统的企业竞争方式通常是击败或吞并对方，从而占领其市场份额，企业的成功是以竞争对手的失败或消失为基础的。"有你无我，势不两立"是传统商业社会的通行规则，是一种无法共赢的零和博弈。今天，企业必须面对产品生命周期不断缩短、顾客忠诚度持续降低、顾客消费日益个性化等市场环境，企业竞争开始从质量竞争、价格竞争转向以顾客满意度为基础的服务竞争。企业竞争方式也开始发生根本变化，竞合关系成为企业竞争的新模式。

麦肯锡高级咨询专家乔尔·布利克（Joel Bleeke）与戴维·厄恩斯特（David Ernst）合著的《协作型竞争：全球市场的战略联营与收购》（*Collaborating to Compete：Using Strategic Alliances and Acquisitions in the Global Marketplace*）一书中写道："对多数全球性企业来说，完全损人利己的竞争时代已经结束。驱动企业与同行业其他公司竞争、驱动供应商之间及经销商之间在业务方面不断竞争的传统力量，已不可能再确保赢家在这场达尔文式的游戏中拥有最低成本、最佳产品或服务，以及最高利润。很多跨国公司日渐明白，为了竞争必须协作，以此取代损人利己的行为。企业可以通过有选择地与竞争对手以及与供应商分享和交换控制权、成本、资本、进入市场机会、信息和技术，为顾客和股东创造最高价值。"

企业不得不重新审视战略，寻求与对手彼此相容的局面，实现与竞争者共存的差异化格局。而互联网、物联网、大数据、云计算以及人工智能等技术的发展，也使得不同行业、不同企业间的联系和交集越来越多，形成合作的基础，也使得很多合作创新模式得以落地。

企业内部关系的转变。工业时代，企业普遍根据管理职能进行专业化分工，建立各个专业的部门来负责不同的领域，如人力资源部和市场部等。部门一旦设立，部门内部人员就会形成共同的利益诉求和群体行为方式。尤其是在分工细化的大型企业中，每个部门各司其职、各有考核目标的情况常常导致"各人自扫门前雪，莫管他人瓦上霜"的情形。这种部门间的壁垒与较量是"大企业病"之一，成为企业内部"无形的玻璃墙"。部门靠信息屏蔽获取自身利益的最大化，由此造成的信息不对称必然会导致推诿扯皮现象，进而影响企业的整体效率。同时，信息阻隔也会导致企业在资源分配方面出现问题，容易催生官僚主义和权力滥用。

要突破"无形的玻璃墙"，关键在于企业内部关系的根本转变。数智时代，组织日趋复杂化，呈现出组织结构扁平化、组织关系网络化、组织规模灵活化，以及组织边界模糊化的趋势。

在数字技术的推动下，层级与层级之间、部门与部门之间的信息屏障被打破。信息在不同层级与不同部门之间顺畅地传递和共享，形成实时、完整的信息流，从而促进了组织层级的压缩、职能部门的减少，以及组织结构的日益扁平。扁平化的组织改变了原来层级制组织结构中的上下级之间、部门与部门之间的联系和合作方式，具有敏捷、灵活、快速和高效的优点。

组织在结构扁平化的同时其关系也日趋网络化，更具有协作性。员工之间的纵向分工不断减少，横向分工和协作不断加强。借助数字化智能系统，员工和管理者在网络化组织里都能掌握全面信息，管理日趋透明，从而增强员工的公平感。组织日益倾向于分布式和具有互动性的团队，甚至有越来越多的远程工作者加入。

企业与员工关系的转变。企业与员工关系的发展可分为三个阶段：员工是企业的工具阶段、员工是企业的主体阶段，以及员工是独立个体阶段。在第一阶段，员工只是企业生产流程中的一颗"螺丝钉"。企业在这个阶段的社会功能（包括为员工谋福利的功能）薄弱，更多的是追求利润最大化。这个阶段，固定资产投资是至关重要的，股东是企业的所有者，员工只是企业完成生产的工具。第二阶段，企业步入管理时代，专业化管理成为主流，专业的知识工作者成为员工的主体。企业开始思考专业员工的价值观，并建立"员工是企业的主体"的意识。这是"后工业时期"管理层的认知觉醒。员工离不开企业，企业也离不开员工。在第三阶段的数智时代，人是企业创新的主要驱动力，企业的最终价值体现在人的创造力上。越来越多的个体希望自我价值能得到更好的体现，希望自己的努力与付出能获得相应的回报，希望能更好地与企业共同发展。企业与个体之间是平等、互利、可持续的合伙人关系。

工业时代，企业和员工的关系可以简单表述为雇佣关系——企业提供劳动机会和报酬，员工付出劳动和时间。而在数智时代，传统的雇佣关系日渐不合时宜，因为创新需要员工与企业间建立起高度信任，并保持长期合作。领英（Linkedin）创始人里德·霍夫曼（Reid Hoffman）重新定义了新形势下企业与员工的关系。他在《联盟：互联网时代的人才变革》（*The Alliance: Managing Talent in the Networked Age*）一书中指出：企业和个人应相互投资，结成强大的联盟，共同拥有持续的创新与丰富的智慧宝库。只有这样，员工、企业乃至整个商业社会才能繁荣发展。

数智时代的员工更注重个体的独立性和工作带来的意义，工作动机从物质等外部驱动力转向实现自我的内在驱动力。尤其是以"90后"为主的新生代，认知、思维方式和价值观完全不同。他们拥有更好的教育背景和更多样的选择，更注重个人发展，更渴望在适合的组织里实现自我价值。他们虽然经验还不丰富，但渴望承担更大的责任，有更强的使命感。这种对于学习、经历以及成功的渴望使他们更不会对任何组织"从一而终"。

同时，技术的发展使个体创业的成本越来越低，自由职业者的门槛也越来越低。尤其是专业型自由职业者，在数智时代具有显而易见的优势。他们不隶属于任何组织，拥有选择是否工作的自主决策权和巨大的机动性。他们寻求自由度大、工作满意度高的理想状态。自由意味着不被传统的组织关系束缚，他们更渴望以独立的个体形式服务于组织。这种自由基于丰厚的经验积累和社会资源，以及对自己的人生计划和各阶段目标拥有透彻的理解和十足的掌控。

随着组织结构变得更灵活、更有柔性，员工和企业之间的关系也开始从工业时代的强关联逐渐走向数智时代的弱关联。人才越来越趋向于选择能发挥自己才能的平台，以及会赋能成就自己的好领导者。企业在数智时代更趋向于提供给员工实现自我价值和个人理想的平台，协调个体形成团队，并搭建个体、团队和组织长期发展的基础设施与传递文化价值观的渠道。

新的文化特征

上述企业关系新格局的本质是组织边界的变化。组织边界的变化，必然会影响组织的架构和文化。在企业关系新格局之下，企业文化呈现出新的特点：赋能、利他、共赢。

赋能

在新关系格局下，员工的主要驱动力源于创新以及自我价值实现所带来的成就感。数智时代，企业需要创新，个体需要赋能。赋能比激励更依赖于企业文化。文化让志同道合的人聚在一起干一番事业，而不只是用传统的利益驱动的方法去考核和激励。在赋能型文化下，管理者激发员工的自主性，让员工遵循自己的兴趣，发挥自己的专长；管理者扮演的是教练的角色，而不是监工角色；管理者的作用是发挥生态领导力，而不是发号施令。赋能型文化本身就是一种激励，对这种文化的认同感使更多的人才慕名而来，自我驱动，奋发进取。

赋能型企业文化赋能员工，也赋能合作伙伴，打造繁荣的生态环境。在2017年"《财富》全球论坛"上，腾讯公司创始人、董事会主席兼首席执行官马化腾表示，腾讯在互联网时代要做去中心化的赋能者，并不试图去掌握别人的命脉。他为腾讯在商业生态中扮演的角色做了一个通俗的比喻："我们不是出租，而是请你来建房子，房子建完就是你的，客户、粉丝都是你的，不需再交月租，也不需每年涨价。"马化腾还将赋能分为中心化赋能和去中心化赋能。他认为中心化赋能还是掌控了利益相关方的命运，且被赋能者的安全程度不高，而腾讯倾向于打造去中心化的赋能式商业生态，并以此自豪。

在移动互联、大数据、云计算和人工智能等技术快速发展的大背景下，"连接"已成为一种常态，企业与各利益相关方有效连接而构建成的商业生态系统会形成其巨大的竞争优势，构建生态圈已成为很多企业的愿景和战略目标。

一个案例是日本的丰田公司，这家从不故步自封、独享成果的企业总是乐于分享与付出，尽力帮助合作伙伴共同成长，打造生态圈。密歇根大学工业与运营管理专业教授杰弗瑞·莱克（Jeffrey Liker）在其所著的《丰田模式：精益制造的 14 项管理原则》（*The Toyota Way: 14 Management Principles from the World's Greatest Manufacturer*）一书中对此有所论述："企业要始终重视合作伙伴与供应商，激励并助其改善。重视你的合作伙伴与供应商，把它们视为你事业的延伸。激励你的外部合作伙伴，帮助它们成长与发展。这样的态度显示出你重视它们。为它们制定挑战性的目标，并帮助它们实现这些目标。"这种对于合作伙伴与整个产业链条的赋能看似投入大而又不利己，但长远来看，共同做大行业的"蛋糕"后获益的首先仍是企业自身。这样的赋能，于己于人都具有深远持续的重要意义。

那么，企业构建生态圈时，赋能的内涵到底是什么呢？赋能是企业通过提升被赋能者的能力，直接增强赋能企业在生态系统中的竞争优势，从而更好地服务于客户。值得注意的是，不是能产生交易就叫赋能，赋能企业需要对被赋能企业做出交易之外的实际贡献，如能力提升、认知升级和增值服务等。

|案例 2-1| 天猫新零售平台赋能零售品牌

天猫新零售平台的赋能正在帮助许多零售品牌进入数字化运营和消费者运营的时代。

赋能导购的数字化运营： 传统导购人员主要的工作目标是完成销售，他们的收入来自提成。中国国内导购人员的离职率在30%～150%，如此高离职率的结果是品牌服务能力下降。通过数字化，天猫在导购原本的门店销售的身份之上，加上了会员引擎和组织化营销末端的功能，使导购变成了品牌的生意伙伴。

在移动互联网出现之前，媒体和交易是分离的，而今天的数字化门店既是交易的地方，又是交互的媒体。当导购完成服务之后，无论消费者再次到实体店还是到云店或天猫旗舰店成交，这位导购人员都能获得提成收入，这称为"超级导购模式"。在与天猫新零售平台合作的品牌中，已有数百个商家采用这种模式。该模式极大地激发了导购人员的积极性：除了在线下服务，导购在各个场合都会传播品牌的内容，变身为人格化、有温度的媒体。

而对品牌商家而言，实体店除了租金外，最大的投入就是导购人员的薪资。导购这项"资产"被最大限度激活后，给品牌带来了极大的效益。2018年"双11"，有 50 多万名导购人员通过品牌全域宣传，共触达几千万名消费者。

赋能零售门店的数字化运营：过去，从品牌商总部到区域再到门店，层层的传导过程中，信息和效率都有很大的损耗。现在，通过钉钉等各种工具，品牌实现了组织在线、沟通在线和协作在线，大大提升了运营效果、管理效率和组织效率，而这些效率的提升又能进一步回馈消费者。

天猫新零售平台**赋能**门店**消费者运营**则通过以下几种方式进行。

重新定义品牌会员：与天猫合作的品牌多少都有自己积累的会员数据，多的有几千万，少的也有几十万，但原来的会员数据只是信息记录，比如邮箱地址或手机号码，无法结合场景进行触达和互动。天猫新零售平台帮助这些品牌建立起数字化运营通道，将消费者数据从一条条记录变成可触达、可运营的消费资产。

重新定义门店体验：原来的零售门店是坐商模式，"守株待兔"式等消费者上门。如今，线下门店变成了云商，具有 7×24 小时的服务能力，新品、爆款和尖货都可通过在线方式呈现给消费者，而且云店呈现的内容还可与阿里巴巴体系内的各 App 结合起来。以星巴克为例，过去，星巴克在全球打造出除了家和办公室以外的第三生活空间，现在通过天猫门店打造出第四生活空间。消费者只要打开手机淘宝、饿了么或盒马等 App，输入星巴克，就可看到星巴克的门店，购买产品后可送到消费者指定的地方。到店服务变为服务到家，提升了消费者的体验。

改变消费者运营模式：过去，会员数据沉淀在品牌总部的数据库，现在，天猫新零售平台帮助品牌对会员进行网格化运营，即把会员网格化地分配到所在区域和城市的门店，这些门店以各自的特色为消费者提供服务和权益，包括每个品牌在不同城市的不同上新节奏、不同营销节奏和不同活动节奏等。

天猫新零售平台的另一个重要赋能之处在于帮助品牌商进行**组织升级**。目前，大部分品牌的组织结构仍是按照渠道划分的，如百货、商超、加盟或购物中心，渠道的割裂会很大程度上影响数字化能力的释放。因为顾客的消费越来越碎片化，越来越多地跨渠道，只有当品牌具备数字化全域运营能力的时候，才能将线上线下割裂的会员结合起来。

目前已有 200 多个品牌开始改变组织结构,成立了新零售部,并且很多品牌的新零售部是直接向 CEO 汇报的,它会与电商部、会员中心、市场部和零售部门等协同工作。

这些品牌的新零售部有四大特点:承担线上线下跨渠道业务指标;做全渠道会员运营;具备数字化的能力;全新的组织效率。这些新零售部打破渠道的割裂局面,以数字化工具服务消费者,给消费者带来全新的体验,为品牌带来完全不同的商业效率和商业收益。

资料来源:叶国晖. 为什么我们敢让顾客只花 1 元就先拿走商品?[Z]. 2018.

利他

作为一种人类美德的体现,利他一直是诸多学者研究、讨论的焦点。法国社会学家奥古斯特·孔德(Auguste Comte,1798—1857)创造了"利他"(altruism)一词,这是公认的"利他"作为一个明确的概念产生。孔德认为,"利他是一种为他人而生活的愿望或倾向",是一种与利己相对应的倾向。利他主义所强调的是他人的利益,提倡为了增进他人的福利而牺牲自我利益的奉献精神。

数智时代,企业文化的利他性特征是基于利他的现代价值和可行性而产生的。利他性的文化是"为客户创造价值"文化的升级版。现代的企业管理非常强调为客户创造价值，站在客户的视角来审视自身的商业逻辑。只有能持续地为客户创造价值的企业才能生存。工业时代，客户指的是企业外部的客户，而在数智时代的新关系格局下，客户的范畴已经打破企业的边界，包括公司内部其他部门的同事以及上下游的合作伙伴。

利他的文化也是充分发挥专业分工红利的重要前提。随着社会分工越来越深入，在企业享受社会分工带来的高效率的同时，一个重要的前提条件也日益需要得到保障——分工后的合作必不可少。数智时代，模块化分工与合作的基础就是利他，利他能激发专业分工与合作的最大功效。利他是分工的出发点，也是合作的终点。

利他的文化也得益于数智时代信息技术发展带来的信息对称，信息透明使利他行为能得到准确的估值和利益的保障。当利他战胜自利成为更好的选择时，利他就具有了更多的应用场景和实用性。

利他是一种先进的文化元素和价值取向，相较于以前的自利文化、委托代理等制度设计，利他文化重构了利益分配的前提假设。通过声誉机制和文化筛选功能，利他文化可以更好地聚集志同道合者，共同在一个资源共享的平台上实现自我价值的最大化。因大力推广利他文化而创造了一段又一段传奇的日本著名企业家稻盛和夫曾指出："这是利他之心的回报，为对方着想似乎伤害了自己的利益，却带来意想不到的成果。"

|案例 2-2| 飞利浦的客户共创工作坊

荷兰皇家飞利浦公司原来从事多元化的业务，包括闻名市场的照明产品和音响设备等。五年前，飞利浦将旗下许多业务单元出售，目的是更好地聚焦医疗健康产品，如 X 光机、心电图设备、CT 扫描仪等，将自己重新定位为提供医疗解决方案的企业。

飞利浦的目标客户包括医院和医疗设备企业。这类客户通常不太容易改变采购惯例，即使改变的好处可能显而易见，比如，改为采购远程监控装置，让一些病人回家休养，这样他们恢复得更快，治疗效率也更高，但医院会因为提早腾出病床而减少直接收入。不仅如此，整个医疗体系中医疗服务供应方（如医院、医疗从业人员）、支付方（保险公司、相关政府机构）、患者和政策制定者等各有各的诉求，由此形成错综复杂的局面，也会影响客户的采购决策。

飞利浦投入大量资源建立了名为 HealthSuite Labs 的客户共创工作坊,分几期推进,旨在了解客户最迫切的问题,有针对性地提出解决方案。飞利浦旗下 Wellcentive and Hospital to Home 项目负责人马努·瓦尔马(Manu Warma)表示:"客户的挑战是什么,其实我们并非一直都很清楚,他们自己都未必清楚。"HealthSuite Labs 就是一个增进企业与客户之间相互了解的互动协商的过程。

参与客户共创工作坊的人员包括医疗服务供应方、支付方以及来自一家医院或患同一类疾病的患者,人数规模为 1240 人。通常情况下,各方没有机会沟通各自的需求。飞利浦推动的这些工作坊具有跨领域合作的特点,让所有参与者能提出完善整个医疗系统的建议和想法,而不局限于某个利益相关方的立场。

> 资料来源:珍妮·罗斯,辛西娅·比思,马丁·莫克尔. 为什么费尽心思打造的数字产品,客户不买单? [EB/OL].(2021-5-18)[2020-3-19].https://www.sohu.com/a/381280344_479780.《为什么费尽心思打造的数字产品,客户不买单?》摘自三位作者的书 Designed for Digital: How to Architect Your Business for Sustained Success,麻省理工学院出版社,2019 年出版。

共赢

犀牛是一种凶猛的动物，却能与一种叫犀牛鸟的小鸟和平共处。犀牛的皮很厚，表皮褶皱中常寄生有小型昆虫吸食血液，而犀牛鸟正是捕捉这些昆虫的好手。同时，犀牛鸟也借助着犀牛利角的保护免遭鹰的伤害。作为回报，犀牛鸟常常利用自己灵敏的感官触觉向犀牛第一时间发出危险预警，让它能够及时采取防范措施。自然界的这一和谐共生现象揭示了一个原始、简单而又不易达到的境界——共赢。只有互利共赢，方能共谋生存与持续发展之道。

所谓共赢，是指在多元关系中，建立在相互信任基础上的换位思考、相互理解和相互支持，使得多方利益分配趋于合理化，使得各利益群体的需求得到最大化满足，形成相互依存的伙伴关系。企业与员工是利益共同体、风险共同体、命运共同体。员工个人的成长与企业的发展互为依托，企业的成功与发展要依靠员工的成长来实现；员工的成长又要依靠企业搭建的平台，有赖于企业的成功与发展。企业兴，则员工兴；企业衰，则员工衰。员工成长是公司发展的动力，公司发展是员工成长的根基，只有共同发展和成长才能实现共赢。

|案例2-3| 木屋烧烤员工的自愿减薪

2020年2月1日，木屋烧烤创始人隋政军在微信朋友圈转发了一篇名为《餐饮业告急！账上几个亿的行业龙头也快扛不住了》的文章，讲的是西贝莜面村的困境。他在朋友圈评论栏中写道："我们在坚持，一天是百万级亏损，西贝是千万级亏损，几个亿最多三个月，但有什么办法，只能扛到最后！"

隋政军的这条评论引发了公司员工的强烈反响。当天，公司一位高管的一条"请求降薪"的微信打破了公司的平静。紧接着，这家民营企业的5000名员工纷纷签署请愿书自愿减薪一半，20多名高管自愿不领薪水，以抗击新冠肺炎疫情。

面对广大员工的降薪请愿，隋政军犹豫不决。他的第一个回应是："不到万不得已，不走这一步。"

他向咨询顾问请教，领教工坊联合创始人兼CEO朱小斌给他的意见是：危机时刻正是打造企业文化和凝聚团队的好时机，这件事做好了，组织能力一定会上一个新的台阶。这一建议使隋政军醍醐灌顶："我们现在打的是两场仗，一场是经济仗，肯定输了，但尽量输得少一点；另一场是企业文化仗，一定要赢，如果文化仗再输了,整个企业就完了,我们一定要激发起伙伴们对企业的认同感和凝聚力。"

隋政军批准了高管团队及员工的请愿方案,但是他一再说:"这件事一定是自愿的,有困难的伙伴可以不参与,不允许强制做这件事。"到2月6日,木屋烧烤对全员进行线上匿名问卷调查,92.62%的人选择"坚持拿3个月半薪,和公司一起渡过难关"。

<small>资料来源:新零售商业评论电子版刊载的《木屋烧烤:自上而下的自救运动》。</small>

共赢思维不仅对企业与员工之间的关系有重要启示,在企业与企业之间更为重要。

| 案例 2-4 | 疫情下的共享员工

新冠肺炎疫情严重时期,广大市民居家隔离,民生商品的采购都转移到线上,盒马的订单量因此激增。但由于许多人员春节回老家尚未返工,本来就短缺的人手更加紧张,服务能力无法跟上用户需求的增长。另外,大量餐饮企业因无法营业、众多人员待岗而受到严重打击,西贝董事长贾国龙就公开表示,如果疫情控制不住，公司账上的现金撑不过三个月。这些餐饮人员受过相关专业培训，能迅速上手工作；因为都在本地，所以也是安全的。

盒马北京最先采取行动，与云海肴协调达成一致，借用云海肴的员工到盒马"救急"。之后的短短几天内，包括西贝、57度湘、茶颜悦色、蜀大侠、望湘园等在内的几十家知名餐饮企业都与盒马达成合作，共借用人员超过1800名。共享员工的合作满足了盒马激增的业务增长需求，也分担了那些餐饮企业的人员成本，同时确保了餐饮企业人员的工资收入，实现了疫情之下的多方共赢。

之后，京东、苏宁、联想和海信都发布并实施了员工共享计划。

第3章 关键：团队建设

团队是为了实现某一目标、由相互协作的个体所组成的正式群体,通过合理分配每个成员的职责、运用每个成员的知识和技能协同工作,达成目标。《基业长青》和《从优秀到卓越》两书的作者吉姆·柯林斯(Jim Collins)曾指出:"建立一家高瞻远瞩型的公司,需要1%的远景规划和99%的团结一致。"数智时代,组织结构趋向扁平化和网络化,组织内分布式和更具互动性的团队日益增加,各团队之间、各团队内部成员之间的协作不断加强。团队之中包含各司其职又相互协作的成员。如何通过人才规划确定团队构成,如何招聘合适的人才组建团队,最终打造出数智时代的高绩效团队,是所有组织在数智时代的新挑战。

团队建设的目标是打造高绩效团队,成功的团队建设需要两大基础:一是共同的目标,二是公平的机制。共同的目标可以使不同团队成员具有相同的努力方向,公平的机制则使能者尽其能，劳者得其所，是使每个团队成员发挥个体主动性的基本保障。

共同的目标。团队的作用是发挥群体优势，但如果缺乏共同的目标和方向，只会适得其反。团队中每个成员有各自的职责和目标，也有不尽相同的个人利益。倘若没有共同的目标将大家的力量聚集在一起，就难以发挥团队的作用。团队目标来自公司的发展方向和团队成员的共同追求，根据团队的发展阶段等制定相应目标至关重要。

公平的机制。在团队中，如何通过公平的机制体现不同成员的作用和贡献，是保证团队绩效尤其是获得杰出员工卓越贡献的重要方面。构建公平机制意味着要打破"团队内部不能有竞争"的观念。假如团队内部没有竞争，那么团队成员，尤其是优秀成员，热情就会减退，逐渐开始混日子。只有及时展开竞争，打破看似平等实际不公的利益分配格局，才能激发团队成员的主动性和创造性，保持团队活力和业绩。

人才规划

在团队设计的过程中,人才规划是首先需要解决的问题。这是根据团队目标和使命确定需要什么人才的一个过程:首先根据团队业务规划对所需人才进行定义,包括数量、素质和技能,然后对该类人才的可获得性做出评估,并制订团队人才测评计划和人才发展计划,以备人才甄选和人才培训使用。而在人才规划中,岗位胜任力模型构建是重中之重,它是人才甄选、培育和晋升等各个环节的重要标准,人才补充计划可保障整个团队的人才需求能够及时满足。

人才胜任力

团队需要哪种人才,或者说什么样的成员是团队所需要的人才?他们应该具备什么样的特征和素质?通过构建岗位胜任力模型,可以帮助团队建设者回答这些问题。胜任力（competency）本意是指能力、技能。在企业管理和人力资源管理领域，胜任力也被称为能力、素质等，因此胜任力模型也被称为素质模型。20世纪70年代，McBer管理咨询公司与美国管理协会（AMA）开展了一项胜任力研究，对1800名管理者5年中的工作表现进行了追踪比较，最终界定了成功管理者所需的工作胜任力，美国管理协会将其定义为"在一项工作中，与达成优良绩效相关的知识、动机、特征、自我形象、社会角色和技能"。美国著名人力资源咨询公司美世咨询公司（Mercer Inc.）则提出，胜任力是指"优秀员工比普通员工表现更为一致的行为……影响人的胜任力的因素包括自己、对人、成果、战略、思考、信息和时间"。尽管不同学者和专家对胜任力的定义不同，但总体看来，胜任力是能够使人员在某个岗位上产生优秀绩效的个体特征的集合，包括知识、技能、个性、动机等。高绩效团队首先需要具备岗位胜任力的成员，这是完成团队目标的首要条件。

胜任力模型的构建，除了岗位需求，还要考虑公司和团队的战略目标、价值观，并将其分解为不同岗位的人才要求。胜任力模型的结构取决于所需胜任力的类型

（如全员核心胜任力、专业胜任力和领导力胜任力等）和宗旨。每一类胜任力都应有一个胜任力框架，所包含的胜任力不应多于 5～7 个。过多的胜任力会降低评估的准确性。

数智时代的胜任力

身处数智时代的企业，必须更快地适应外部和内部快速变化的环境，作为组织或团队完成目标、达成高绩效的基石，人员胜任力也需要与时俱进。

以领导者胜任力为例，数智时代的领导者必须对市场、环境进行密切的观察并做出敏锐的反应，不断创新产品和服务，创新组织运营的方式，以取得更大的发展。领导者还需要培养跨界的协同能力。团队目标的完成需要人力、物力、财力、数据和资源等各个方面的支持，因此，数智时代的领导者还需要培养跨界整合资源和协同执行的能力。这种能力包括企业内部跨部门的沟通和协作，取得公司各个部门的支持，也包括企业外部的跨界，跨越组织的藩篱，与合作伙伴、超级用户、客户、同行、上下游企业进行沟通协作，整合更大范围的资源，实现组织或团队的目标。领导者需要促进员工之间、团队之间的互动,创造透明的沟通渠道,赋予团队更多自主权,推进协同的机制设计,激发团队潜能,引领团队完成组织重要目标。

因此,数智时代的领导者胜任力可能需要包括且不限于以下几方面。

敏锐的洞察力。这是数智时代至关重要的一项领导者胜任力,是领导者敏锐察觉变化并迅速做出反应的意愿、技能和执行的能力。手机行业曾经的巨头企业,由于领导者不愿承认和面对变革,纷纷在两三年时间里功亏一篑。洞察力是超越直觉、经验以及对商业进行宏观理解的一种能力,有了这种能力,领导者借助其既有深度又有广度的人际网络,持续关注和感知组织内外的变化,才能有效地应对飞速发展时代的各种变化和变革。

数字思维。技术正在改变几乎所有行业——从信息技术到电信,到零售,再到制造……数字思维并不局限于使用技术,更多是关于找到有效的解决方案,改变企业运营的方式。拥有这种胜任力的领导者能深刻理解技术的威力,并利用技术加速和升级企业的应对举措,甚至改变其业务或行业的游戏规则。拥有这种胜任力的前提是领导者有开放和合作的思维,具体体现为拥有下列特质：

- 适应不断变化的权力和影响力格局
- 与不同团队都能轻松合作
- 重视新的工作伙伴及各利益团体的贡献
- 能应对具有不确定性和风险的环境
- 对领导变革充满信心
   ……

让合作伙伴参与的思维。数智时代，企业与企业之间的关系从竞争转向竞合，企业内部各业务单元或职能部门之间的协作更加紧密，企业与员工的关系从雇佣转向合作伙伴，企业朝着开放、平等、协作和共享的方向发展。以开放、共享和赋能的心态，让员工、合作企业和上下游企业参与，企业才能在新的格局中平衡好各方利益并让自身受益，从而实现共赢。

人才招募

数智时代，企业的最终价值体现在员工的创造力上，传统的雇佣关系日渐不合时宜，组织、团队和员工之间的关系越来越像合伙人之间的联盟。组织输出价值观，赋能团队，成就员工，三者之间产生共情的联盟关系。"联盟"意味着，企业和员工对彼此做出承诺，通过由双方达成的有明确条款的互惠协议，把雇佣关系转变为互惠互利的联盟关系，使企业与员工之间从雇佣关系转变为互惠的合作关系。联盟是一种鼓励企业和个人相互投资的工作模式，在此基础上，企业和员工相互合作，改善职场微环境，并为双方创造价值，同时也对社会发展产生重大影响。

在这样的关系下，人才的选择越来越多，更具有流动性。人才需要尊重与协作，需要成就个人理想。怎样在企业与员工之间建立高度信任,并保持长期合作?这是企业在招募员工时就需要重点考虑的问题。

人才招募的基本标准

企业都希望招募最优秀的人才,问题在于:在哪方面最优秀?有些成功的企业(如微软)宣称,它们希望招募最聪明的人;有些公司(如阿里巴巴)的理念是招募价值观和态度与公司文化一致的人;也有企业表示,它们的主要招募依据是所需要的工作技能。企业在进行人才招募时,主要标准可参考以下几点:

- 价值观和态度与组织文化匹配的人
- 与团队结构相匹配的人
- 个性特质/胜任力与组织匹配的人

价值观和态度与组织文化匹配的人。数智时代的员工更重视个人价值体现和个人职业发展,在工作中寻找使命、获得快乐。他们更注重个人气质与企业文化的匹配,对企业文化的认同能不断强化他们的使命感。价值观与组织匹配的员工在工作中更快乐,更容易与企业形成长期合作的伙伴关系。

与团队结构相匹配的人。组织在甄选人才的时候，也需要细致地考虑候选人与现有团队成员的匹配度，尤其是候选人加入团队后是否对团队结构产生积极影响，是否能对现有团队的结构进行改善和补充。数智时代，团队的人员构成更为灵活和复杂，这既有利于在招聘人才时完善团队的结构，同时对打造完美、高效的团队也构成了巨大的挑战。

个性特质/胜任力与组织匹配的人。很多企业负责招募的经理人都会说，他们的确关注候选人的个性特征，试图寻找"愿意努力工作""具有团队精神"或"态度积极"的人员，但这些都不是描述个性特质/胜任力的正式词汇。企业该如何找到与已有高绩效员工个性特质/胜任力相似的人才？要回答这个问题，我们需要一些更精确的词汇。

人的个性在不同的情形下可能有所不同，有许多研究试图找到绩效出色者共有的个性特质。根据过去几十年的无数研究，人的个性可分成五个较为稳定和可靠的维度：责任心、情绪稳定、随和、外向，以及开放性。

研究表明，责任心强的员工绩效较高，因为责任心强的员工工作努力、坚持不懈、可靠而且希望有所成就，这些特征使他们能付出更多努力，也能更坚持不懈地努力，因而能获得出色的绩效。情绪稳定的员工绩效也较高，虽然这个维度作为高绩效预测指标的准确性比责任心的准确性要略低一点。

除了上述五大个性维度，另一个个性特征也能作为高绩效预测指标——对待周围世界的情感倾向是积极的还是消极的。积极情感者在各种情形下都更倾向于以积极的情感应对；消极情感者则更倾向于以消极的情感应对。积极情感者以积极的态度看事物，对事态把握得更准确；消极情感者以消极的态度看待事物、他人和自身，会有更多悲伤或愤怒等消极情绪。因此，消极情感者的工作绩效较差，也更倾向于认为自己在工作中受苦受累；积极情绪者则更愿意想办法解决问题，在各种工作中都是高绩效者。

人工智能招聘

谷歌/百度地图、苹果 Siri、天猫精灵、支付宝刷脸、智能家居等人工智能在消费者领域的应用大家都耳熟能详，人工智能在商业和公共领域也已小有成就：金融行业开始应用智能客服、贷款审批、智能风控；在新冠肺炎疫情中，人工智能系统在机场、地铁和火车站等人流量大的公共场所上线测"高温"系统，快速精准地筛查出体温异常者；阿里疫情机器人提供疫情建议；旺龙的无接触智能电梯、送药机器人代替医护人员完成配送工作，提高工作量；清洁机器人在隔离病房喷洒消毒液等。

人工智能在所有领域的应用潜能都很巨大，在招聘方面的应用也不例外。目前，人工智能在招聘方面的应用可分为以下八大类。

1. 招聘广告自动投放：在各大招聘平台扫描和进行招聘广告投放，以优化广告费用。

2. 职位描述优化：对招聘广告进行文字编辑和优化，使职位描述更全面和准确。

3. 人才信息汇总：提供可获得的各类人才的背景资料等信息。

4. 发现候选人：扫描社交及其他平台以寻找适合的候选人。

5. 人才再发现：分析现有人才数据库以"再发现"可能适合新增岗位的人才。

6. 简历筛选：基于候选人的简历进行粗略筛选。

7.候选人评估：以对候选人友好的方式更快、更有效地评估所有候选人，主要采用基于游戏或基于视频的评估法。

8.候选人关系管理：向提交过申请的候选人提供个性化服务，如有适合的新岗位时发送信息等。

在这些应用中，最为重要的是候选人评估类人工智能应用，其主要功能是"预测"一名候选人是否适合某个岗位，甚至"预测"这名候选人未来是否会成为高绩效员工。

|案例3-1| "三个问题"的人工智能招聘

人力资源领域人工智能科技公司Seedlink提供人工智能招聘服务。候选人只需在电脑或手机上回答三个开放性问题，每一个回答不超过100字，Seedlink的人工智能系统就能通过"解读"回答来"预测"候选人的胜任力，并与企业所需要或企业高绩效员工的胜任力进行对照，据此对候选人打分。这个过程简单、省时；人工智能系统的选择客观公正，没有选择偏误；开放性问题能更好地规避操纵或作弊，因为这类问题并不存在"正确答案"。

"四大"会计师事务所之一的X事务所一直希望

能减少人员招募过程所需的人力与时间。适逢要为审计、人力资源和财务部门招募实习生，X事务所使用了Seedlink的人工智能系统，并同意进行一个比较研究。

为此，1800名候选者中的每一人都花10分钟回答Seedlink系统的开放性问题，也花2小时完成事务所原先一直使用的标准在线测试。在分析每位应聘者的回答后，人工智能基于事务所所需要的四方面胜任力（学习和研究能力、分析能力、人际沟通能力及抗压能力）对所有应聘者进行排序。

人工智能和在线测试两种方法排名靠前的候选人进入"小组综合评估"环节。在人工智能推荐的应聘者中，有58人获得了事务所的工作机会，而在在线测试推荐的候选人中，只有31人获得了工作机会。这87%的差别意味着，人工智能不仅花费的时间少得多，而且更擅长大浪淘"金"，发掘具备公司所需能力的人才。

欧莱雅（中国）每年的管理培训生项目招募人数有限，但总是会吸引全国无数大学毕业生，欧莱雅（中国）人力资源部门负责校园人才招募的人员被随之而来的应聘简历所"淹没"。尽管人力资源部门投入40多人的全部时间，依然应对不过来。为了节省人力与时间，欧莱雅不得不将招募对象范围缩小到中国的数所顶尖大学。于是，出现了新的问题：欧莱雅可能与许多未能进入顶尖大学却具备公司所需能力的人才失之交臂。该如何提高招募人才的效率呢？

2014年，欧莱雅（中国）决定放弃简历这一传统工具，转而使用Seedlink的人工智能系统。人工智能根据欧莱雅人力资源人员的要求设计了三个开放性问题，以"预测"候选人的沟通技巧、团队合作能力、与企业文化的匹配度以及时尚感等胜任力。欧莱雅（中国）微信公众号发布管理培训生招募信息，候选人可直接通过手机应聘。候选人的回答会接入Seedlink的系统，算法基于公司所需要的上述几条胜任力对候选人进行排名，以方便欧莱雅（中国）的人力资源人员决定哪些候选人进入面试环节。

2015年，Seedlink又为欧莱雅（中国）的管理培训生招募平台增加了视频回答功能，让候选人通过一个30秒的视频用英语回答开放性问题。视频回答能让人力资源人员对候选人有一个初步印象，同时了解其英语沟通能力。

采用Seedlink的系统比原先从简历"大海中捞针"节省了十多倍的时间，让欧莱雅（中国）的人力资源人员能将更多时间用于招聘的其他环节。另外，Seedlink的系统只基于开放性问题的回答对候选人排名,教育背景等其他因素对候选人没有影响,这意味着,无论毕业于什么大学,都可以参加应聘。这就扩大了欧莱雅(中国)的人才搜索范围,却又没有增加任何工作量。事实上,三分之一获得工作机会的候选人来自顶尖大学以外的学校。

而在整个招募流程结束后,欧莱雅(中国)的人力资源人员发现,公司录用的候选人中超过80%是Seedlink系统最初阶段就推荐的。这表明,Seedlink系统在"预测"能力方面的准确性较高。

奢侈品零售行业人员离职率高是普遍现象。雨果博斯(Hugo Boss)(中国)同样面临这一问题:招募到有高素质和高工作积极性的店员越来越难;即使好不容易招到合适的人员,竞争对手只要开出更高的薪资,就能轻易"挖脚"成功。究其原因,就在于真正懂得如何与顾客打交道的人员太少。雨果博斯寻找潜在员工的方式,也是从其他奢侈品品牌那里"下手"。这一做法的主要问题:合适的人选太有限,未必总能找到理想的人员。如何在招聘中减少人为偏误,尽可能客观公正?如何招募到工作积极性高的人才并降低人员离职率?

Seedlink与雨果博斯(中国)一起设计了围绕客户

服务的开放性问题,这些问题并非聚焦于奢侈品零售业务,而是更关注于公司所需要的良好的服务态度及解决问题的能力。这些问题在 Seedlink 的系统上发布,链接与职位招聘信息一起公布在许多招聘类网站上,并通过雨果博斯(中国)的微信公众号进行推广。另外,Seedlink 的系统还生成了该职位的二维码,张贴在实体店内,以便潜在候选人在店内通过扫码即时应聘。

结果,应聘者非常多,不仅有服务行业从业者,也有来自其他行业的人员。在被录用的人员中,一些人以前并非从事奢侈品品牌类工作,而是酒店管理及其他服务性行业。这些人员表现出了客户服务方面的丰富经验以及很高的工作积极性。经过一段时间后,雨果博斯(中国)发现,人员离职率下降了 35%,不仅如此,这些人员的销售业绩也更出色。当然,招募这些人员所花费的时间也减少了 75%。

Seedlink 的人工智能系统只是无数人工智能招聘系统的一个缩影,不难看出,人工智能在评估候选人方面更高效、更客观,招聘到的候选人也更符合组织或团队对于胜任力方面的要求。

资料来源:Seedlink 官网。

虚拟团队

虚拟团队是指成员分散在不同地理位置的团队，这种形式的团队近年来日益增多。如今，企业业务覆盖的地域不仅在本土不断扩大，也扩展至海外，同时，组织结构越来越网络化和柔性化，员工与企业关系也更为灵活和多样化，远程办公正逐渐成为家常便饭。共享办公行业的兴起也为这种趋势提供了可行性。借助无线网络和移动终端，绝大多数专业人士都能随时随地完成工作。2018 年的一项调查显示，全球 70% 的专业人员每周至少进行一次远程办公；每周远程办公时间多达三天以上的占 53%。此项调查的赞助方、瑞士办公服务提供商 IWG 解读说，以上统计数字仅限于全职雇员，不包含自由职业者和个体户，如果把临时工、兼职人员或合同工等其他类型的工作人员（他们是许多业务团队的重要贡献者）计算在内，那么远程办公的队伍更壮大。

在2020年新冠肺炎疫情期间，几乎每家公司都转向了远程办公，每个组织都被动地成为虚拟团队。

虚拟团队具有不少优势：员工能更灵活地平衡工作与生活，也有更多机会与全国各地甚至是全球各地的同事交流；企业能以最合理的成本雇用到最优秀的人才，也能大幅降低办公场所的成本；管理者不得不将流程标准化，以追踪项目进展及团队成员的工作情况。另外，波士顿咨询公司早在2009年进行的一项研究就显示，分散在不同地域的团队如果管理得当，业绩甚至比在同一空间办公的团队更好。

然而，管理好虚拟团队并非易事。首先，虚拟团队的沟通常常不是同步的。当团队成员来自不同时区时，这种情况尤其严重。沟通时滞太长，会导致冲突和挫折感，因为团队成员会觉得自己被忽视（没人对自己的想法做出回应），讨论会变得令人困惑。其次，电子化的沟通不像面对面沟通那样信息充分，原因在于电子化沟通速度过快，缺乏周到的考虑，而且没有面部表情等的辅助。研究表明，只通过电子化方式互动的团队，成员间的互评更为负面。最后，虚拟团队成员间的沟通较少，对团队的认同感较低，成员之间的冲突更多，满意度更低，坚持到底的也较少。因此，与成员每天进行面对面沟通的团队相比，虚拟团队完成任务所需的时间更长，共享心智模式更弱，信息交换方式也更差。那么，该如何管理好虚拟团队呢？

合适的团队

首先要找到有远程协作能力的团队成员，组建规模适中的团队，并合理分配工作。

好的虚拟团队成员具有共同的特征：良好的沟通能力、高情商、独立工作能力，以及在混乱情况下的快速适应能力。这种能力在跨国虚拟团队中尤为重要。虚拟团队领导者在为挑选团队成员而进行面试时，应留意候选人是否具有上述特质。如果是接手现有的虚拟团队，应深入了解成员，测评他们的弱点，然后在他们缺乏的能力方面进行培训，鼓励团队之间互相帮助，并考虑给没有进步的成员重新分配任务。

如今，组织中团队的规模越来越大，有些应对复杂项目的团队甚至超过百人。然而研究表明，少于10人的小型虚拟团队效率最高。当团队成员感觉自己不需要对结果负太多责任时，会相应减少付出。事实上，团队规模一旦超过五人，这种现象就会开始产生负面效果。团队规模大的另一个问题是内部沟通。哈佛大学心理学教授理查德·哈克曼（Richard Hackman）的研究表明，在一个5人的团队中，所有成员完成相互沟通只需进行10次对话，但在13人的团队中，这个数字上升到78次。

如果项目需要来自不同部门的成员进行协作，建议将人员划分为不同的小组。将团队成员分为三个层次：核心、运营以及外围。核心包括负责制定战略的高层；运营负责牵头，并在每天的日常工作中做出决定；外围由临时或兼职成员组成，他们在项目特定阶段介入并贡献自己的专业知识。

团队领导者

远程管理虚拟团队能否成功，取决于领导者过去积累的经验，包括明确目标和准则、建立信任、鼓励坦诚的沟通和授权赋能等。

团队领导者需要向所有成员明确说明为什么要组建这支团队，目标是什么，最后将实现什么样的收益。明确的团队准则，包括每位成员的职责分工以及协作流程标准等。规则有助于降低社交群体中的不确定性，提升信任感，并提高生产率。

虚拟团队成员通常会说"我以为这是显而易见的"，或者"我不知道我需要说明那一点"。因此，领导者需要提出明确要求，需要向团队阐明成员应该在多长时间内做出回复。如果有人反应超时，则需要明确跟进措施。

信任以尊重和同理心为基础。因此，团队领导者应在建队之初就鼓励团队成员介绍各自的背景、希望的工作方式，以及将如何为团队做出贡献。关系的建立是一个长期过程，同在一间办公室的员工常常是通过闲话家常逐渐建立人际间的密切关系，而虚拟团队缺少这样的场景。因此，每次电话或视频会议的前五分钟，团队领导者可让团队成员分享一些个人近况或聊聊家常，这可能是在虚拟团队成员之间克服隔阂感的最简便方法。团队领导者也可以通过一些线上的团建活动帮助营造团队的和谐氛围，如在工作之余团队成员一起玩狼人杀或打游戏等。

建立信任之后，团队就拥有了坦诚沟通和对话的基础。领导者在管理虚拟团队时需要强迫成员之间互相坦诚。要达到这一效果，一种方式是进行"关怀性批评"，即在进行负面反馈时利用"我可否建议"或者"不如考虑一下这个"之类的短语开头。团队成员在接收到这样的反馈时,应首先感谢提出意见的人,然后再明确异议的重点。在召开电话或视频会议时,可任命一名团队成员为"坦率使者",其职责是找出大家避而不谈的话题,并制止缺乏建设性的批评。另外,团队领导者应实时肯定成员为加强团队沟通与合作所做出的一切努力。

虚拟团队的授权赋能也很重要。研究发现,在虚拟团队中,提高员工的心理赋能感能达到良好的效果,如减少推诿和消极怠工等行为,增强团队绩效等。

此外,团队领导者应明确告知成员,在召开电话会议时不允许一心多用。一项研究表明,82%的人承认自己在电话会议过程中做过其他事情,包括上网和上厕所。虚拟团队的远程协作需要参会者思路清晰、全神贯注。领导者要事先向团队阐明规定,会上不时点名,并鼓励参会者各抒己见。改用视频会议效果更佳,它能在更大程度上解决一心多用的问题。

定期见面

虚拟团队需要频繁地进行面对面的沟通。虚拟团队成员应该定期见面，以下是一些见面的关键时间点。

新员工入职时。通常情况下，新员工加入虚拟团队的流程由一系列邮件、旨在增加彼此了解的电话/视频会议等组成，这要求新成员阅读大量信息并加以消化。更好的做法是用面对面的交流代替文件传输。建议将新成员与一位能够快速并亲切回答问题的导师配对，这位导师就好比办公室里坐在你附近的友善同事。

第一次召开动员会时，进行面对面交流或视频交流将大有裨益。这种形式有利于团队成员之间互相认识，为以后的信任和坦诚打下基础。眼神交流与肢体语言能帮助建立人际关系，快速形成信任感。哈佛商学院教授特里萨·阿玛贝尔（Teresa Amabile）建议，让性格迥异的团队成员在初次合作时完成一个能轻松实现的任务，共同体验一次"小成功"，对以后的合作很有帮助。

重要时刻。虚拟团队领导者需要不断鼓励成员，仅仅是邮件提醒和每周的电话/视频会议还不足以让员工保持干劲。尤其在规模较大的团队中，缺乏可视化提醒或肢体语言还可能引发误解。团队成员逐渐疏远、丧失积极性，会导致最后减少对项目的贡献。因此，当团队实现了短期目标或解决了一个问题时，应该给团队成员一个共同庆祝的机会。

|案例 3-2| 洛客设计师的一天

共享设计平台洛客,依托全球规模最大的专业产品创新设计团队——洛可可创新设计集团,聚集了3万名专业设计师,提供产品众创、产品设计、研发供应链、产品营销等一系列服务。

洛客的设计师团队是一个庞大的虚拟团队。典型的设计师的一天是这样的:

早上8点半左右,设计师们都已准备好开始工作。项目经理通过项目日报了解当天所有的项目,如果有需要审批的新项目,通过钉钉发起审批。

上午10点半,项目经理通过视频会议开始与设计师沟通设计方案,如果有任何问题,就在草图上进行即时修改。设计图文件一般都很大,可通过钉钉传输,并且支持在线编辑,在共享群内保存。

午休时分,设计师们各自在家休息,不用像在办公室那样担心没有合适的休息空间。

下午3点左右,设计师们开启线上化办公,参加公司的在线化功能培训。即使设计师此时有业务视频会要参加，也不担心时间冲突，因为使用钉钉的实时会议纪要功能，两边的内容都能兼顾，这就提高了办公效率。

晚上，设计师们会进行一次方案连麦，讨论设计图，有什么问题都可以在线实时修改。提案也都是通过视频进行，视觉上有直观的呈现，提案全程都被记录下来。

2020年2月2日，中国国内因新冠肺炎疫情处于全民隔离状态时，洛客与钉钉合作推出的"洛客云"上线，可实现一秒下单，10秒产生100个Logo。而在传统方式下，设计一个Logo需要两名设计师花两周时间。这个月，"洛客云"订单的数量和金额双双巨幅增长，洛可可这家有15年历史的公司一天的订单量超过了线下一年的订单总量。

资料来源：贾伟，《四年磨一剑：洛客如何让3万名设计师实现在家挣钱？》。

第4章

挖潜：知识共享

在人才发展五星模型中,如果说其他元素直接或间接地促进了组织和人才发展,那么知识共享则将每个人的优势连接起来,形成组织的整体优势。所谓知识共享,是指在一定信息系统的软硬件和相关制度的支持下,在员工之间、部门之间进行知识的交流,从而使知识从个人层面扩展到组织层面,以提高个人、部门和组织的知识储备,并加以运用的过程。

数智时代,创新是企业发展的第一动力,而创新的本质在于不断创造新的知识。组织通过学习获得大量知识,并通过知识共享在组织内部传播,不断创造能为组织带来价值的新知识,从而提升组织成员的创新能力,降低组织的创新成本,提升组织运营能力和创新效率。组织所拥有的知识是最具有战略意义的资源,日益成为组织发展最为关键的竞争要素,进而提升组织的核心竞争力。

英国物理化学家迈克尔·波拉尼（Michael Polanyi）将知识分为隐性知识和显性知识。显性知识是指"能明确表达的知识"，即人们可以通过口头传授、教科书、参考资料、期刊、专利文献、视听媒体、软件和数据库等方式获取，可以通过语言、文字、数据库等编码方式传播，也容易被人们学习。隐性知识则难以用上述方式表达，通常蕴含在行动或思想中。显性知识是知识传播和共享中最基础、最普遍的部分，但仅有显性知识是不够的，个人在工作中经过历练和摸索形成的隐性知识往往起着难以估量的重要作用。然而，隐性知识往往根植于行为本身或个体的思维模式、信仰观念和心智模式，具有高度个人化、难以规范和传播的特点。将隐性知识显性化，继而传播给他人并成为他人的隐性知识，是一种有效的知识共享方式。

多层面的知识共享系统

在数智时代的新关系格局下,知识共享是一个多层面、多方面展开交流互动的整体协同系统,主要包括个人知识共享、团队知识共享、组织知识共享和组织间知识共享四个部分。

个人知识共享,是指企业员工之间通过观察、模仿和实践学习他人的隐性知识和技能,并转化为自己的隐性知识。团队知识共享,是指在合适的团队氛围和团队成员互动中,个人的隐性知识转化为团队的显性知识。组织知识共享,是指在合适的企业文化和团队之间互动中,通过采集、分析、管理和传播,将团队的隐性知识转化为组织的显性知识。组织间知识共享,是指在动态多变的外部环境下,联盟或协作的组织之间通过显性知识的学习、体会、融合和积累,将其转化为组织自身的隐性知识。

个人知识共享是整个系统的基础。团队知识共享有助于增强个人知识共享的能力，打好团队建设的基础，同时又能反过来助推和谐团队氛围的营造，有利于提升个人知识共享的效果。个人知识共享和团队知识共享是在企业文化和战略的大环境下相互渗透的过程，企业文化在这两种知识共享中起着重要作用，调节和促进知识共享氛围，并提高这两种知识共享的效果。要获得良好的组织知识共享效果与可持续发展的竞争优势，团队知识共享是至关重要的环节。

对于员工个人来说，团队和组织知识共享能营造浓厚的知识学习和共享氛围，建立企业内的互信关系，改变员工的思维模式与思考方法，从而使员工获得自我进步，实现自我价值。

从组织协同的知识共享系统来看，知识共享可分为以下五个步骤：产生与获取、传播、共享、显性化和制度化。产生与获取是员工通过实践经验和各种信息渠道获得新技能与知识的过程；传播是员工在产生与获取知识后通过正式和非正式渠道与同事交流共享的过程；共享是通过个人、团队、组织和组织之间分享知识技能提升组织的整体知识储备量和技能水平的过程；显性化是指在整个共享过程中把个人的隐性知识转化为组织的显性知识的过程;制度化是指将理论知识与实践经验融入组织的正式或非正式制度中的过程㊀。

| 案例 4-1| 科大讯飞的开放平台

科大讯飞是领先的智能语音和人工智能上市企业,主要从事语音及语言、自然语言理解、机器学习推理以及自主学习等核心技术研究,保持国际前沿技术水平,积极推动人工智能产品研发和行业应用落地。

科大讯飞董事长刘庆峰曾在接受媒体采访时表示:"创新过程中重要的一条就是建立产、学、研、用互动的创新体系,在这个过程中,以企业为主体的知识共享是主要路径。"2000年,由科大讯飞牵头、数百家国内外企业共同参与的"讯飞联盟中心"成立,该联盟中心成立的宗旨就是进一步促进行业内的知识共享、知识融合和知识协同,提高技术转化能力和效率,加速最新研究成果的落地。

随着互联网技术的发展,科大讯飞投入巨资建立了

㊀ 段万春,李美.组织协同知识共享机制优化研究[J].重庆理工大学学报(社会科学),2019, 33(6): 81-91.

开发者平台,将相关技术共享至开放平台;与此同时,科大讯飞致力于不断降低创新门槛,与各开发者一同推进语音交互技术领域的应用创新。在亚马逊的 Echo 和 Alexa 还未面世的 2010 年,科大讯飞就推出了首个中文语音开发者平台——讯飞语音云,免费向开发者提供语音识别的基础技术。这一时期,腾讯 QQ、高德、携程等互联网公司都是科大讯飞的客户。

五年之后,科大讯飞的 AIUI 成功上线,向所有开发者分享丰富的开放资源、强大的自定义能力和完备的个性化功能,实现了"用户(开发者)对产品的理解——生产企业与用户(开发者)知识互动——众多零部件企业之间关于产品知识的交流与互动——产品最后形成"的创新模式。这更接近人机交互模式,让更多的开发者得以参与到产品的设计过程中。到目前为止,科大讯飞开放平台已与超过 46 万个开发团队达成合作,开发出将近 40 万个应用项目,覆盖了超过 15 亿个终端。

科大讯飞的开放平台不断优化升级,实现了从 1.0 到 3.0 的突破。在全新的 AIUI 3.0 平台上,用户不仅能用自然语言控制设备,设备还会在用户的使用中不断学习进化,变得越来越个性化、智能化,同时协助开发者进一步丰富自定义功能。

<small>资料来源:胡登峰,张海朦.基于知识共享的新型产业创新生态系统研究:以科大讯飞成长为例[J].南华大学学报(社会科学版),2019(5):35-42.</small>

|案例 4-2| 施耐德知识共享助推研发

施耐德电气是一家资产规模为 260 亿美元的法国企业,成立于 1836 年,在很长一段时间里,该公司一直以生产钢铁和电气设备为主。如今,公司为能源的智能化管理提供解决方案。施耐德电气的数字化转型跨度很大,很大程度上是因为公司的内部机制有利于客户的信息和知识的获取,以及这部分知识在公司内部的分享。公司获取客户信息的主要渠道是实验、与客户共创,以及跨职能研发团队。

为了有效推进数字化转型,施耐德需要整合产品研发,并在全公司实现知识共享。施耐德在公司内部建立了一个数字服务工厂(digital services factory)用来寻找业务机会,并利用这个共享数字平台研发新产品。

施耐德的数字服务工厂负责将产品概念逐步推进,这项工作一般经历四个阶段:创意、孵化、工业化,以及规模化运行。在创意阶段,数字服务工厂团队会评估来自不同业务单元的各种新想法,寻找其中的相似点,因为这些相似之处如果在多个业务单元应用,能创造更大的价值。在创意阶段的早期,公司的产品团队会联合主要客户共同研究产品概念是否可行:在商业上站不住脚的,立刻叫停;最有市场前景的,公司会安排业务产品负责人做下一步工作。当某个产品概念进入工业化阶段,施耐德通常会要求客户为试行产品提供资金,这大大提高了从顾客热情到产品收入的转化率。在这一阶段,跨职能团队会和客户密切协作,确保产品兑现之前的价值主张,让客户切实体会到它的好处。

但也会出现这种情况:在涉及更具战略意义的能源管理解决方案时,客户联系人无法做出购买决策。对于需要客户最高管理层决策的产品,施耐德专门成立了一支由经验更加丰富、专业能力更强的销售人员组成的小分队。这些专业销售人员都是产品研发团队中不可多得的成员,他们帮助施耐德按照客户的需求节奏一步步开发出新产品。

这一切加快了产品开发速度。原先施耐德的新产品开发出来要经历一个漫长而严谨的研发阶段,重大创新的推广更是旷日持久。如今，新的数字产品生命周期始于明确的客户需求，经历最基本款的产品模型研发，由客户进行测试和使用，以验证其可行性；之后是持续不断地改进、扩展和开发相关产品。通过迭代开发和协同创新，施耐德将新产品从概念到工业化阶段的时间由之前的两到三年压缩至一年时间。

资料来源：《商业评论》刊载的《施耐德电气内部的知识共享》。

影响知识共享的因素

尽管知识共享有助于打造企业的竞争优势,帮助员工实现自我价值,但组织中的一些因素还是会阻碍知识共享的发生。影响知识共享的最重要因素之一是,企业是否有激励机制,从制度上保护知识拥有者的合理权益,激发他们共享知识的意愿。一方面,知识共享可以与绩效管理相结合,建立恰当的以知识贡献率为衡量标准的评价指标,以便知识共享者能得到应得的利益;另一方面,可以通过各种方式引导员工进行知识共享,使每名员工都体会到知识共享对其工作提升的效果。

企业文化也在很大程度上决定了组织内知识共享的发生。如果企业文化的主要特点包括集体主义、共享、学习等开放型因素,那就能加强知识共享意愿。员工之间的信任也是知识共享过程中极为重要的一个因素,信任是知识共享的先决条件,同事之间的信任让彼此维持较好的伙伴关系，因而更愿意分享知识。企业内的氛围和信息透明，也能促进组织层面的知识共享行为。

组织架构同样起着举足轻重的作用。知识共享最有效的途径之一是知识拥有者在企业内的流动。从组织架构方面看，扁平的组织架构能让企业内部有广泛的人员轮岗，带动隐性知识在企业不同部门之间扩散和共享，使拥有隐性知识的员工辐射更多的群体和后来者。同时，有经验的员工在企业研发、生产、销售和采购等不同部门之间的轮岗，能够促使不同员工个体和群体的隐性知识在不同部门间扩散，最终形成企业层次的显性知识。

团队绩效考核也能促进知识共享行为的发生，尤其是在科技型企业，团队绩效考核内容越全面，员工进行知识共享的频率就越高。团队绩效考核能提高团队成员间以及成员对团队的依赖性。成员想要提高团队的整体绩效，并从中获得更多切身利益，就需要进行更多的知识共享。

个体拥有的知识，尤其是隐性知识，往往是长期积累的独特知识。在组织中，员工之间可能存在竞争关系，知识往往是员工在企业中地位的体现和晋升等的重要资本。因此，员工个人通常不情愿将自己拥有的知识倾囊相授。

研究发现，技能多样性、工作完整性、工作重要性、工作自主性与工作反馈性等与员工（尤其是知识型员工）的知识共享意愿及知识共享行为有紧密联系。知识型员工既注重物质奖励，也需要情感等较高层面上的支持。因此，首先，通过工作内容扩大化和轮岗等手段，不断提升知识型员工对技能多样性和工作完整性等的感知，使他们能以更大的热情投入到知识分享中去；其次，给予他们充分的信任和授权，提升他们的工作自主性，让他们感受到所承担工作对组织的重要性，也能提升其知识共享的热情；最后，还要对他们的工作进行高质量反馈，给予他们科学合理的引导，提升其知识共享的意愿，进而促进知识共享行为的产生，最终达到提升组织知识共享能力的目的。㊀

㊀ 苏伟琳，林新奇.工作特征对知识型员工知识共享的影响研究[J].科技管理研究，2019（14）：165-171.

利他的"师徒制"

"师徒制"是企业内知识共享的一种传统方式,前提是要有合适的激励机制与之配套,因为知识共享的感知成本和知识囤积的边际效应会降低师傅的共享意愿,影响知识共享的效果。数智时代,企业通过更积极的激励机制让"师徒制"更具利他性质,也使这种传统的知识共享模式更高效。

过去,为了鼓励师傅带徒弟,企业会给予师傅一定的津贴,以补偿师傅在传授知识过程中所花费的时间和精力;同时,企业也会对徒弟采取"基本工资+绩效工资"的做法。在这样的激励制度下,无论师傅是否完全共享隐性知识,师傅都能获得津贴,因此,可能出现师傅不充分共享知识的情况。而当这种情况发生时,即使徒弟努力学习,绩效仍然达不到企业的要求,也拿不到较高的绩效工资。这样的激励制度并不能有效促进知识的共享。

那么,更积极的激励制度是怎样的呢?除了给予带徒弟的津贴,企业还会对师傅的教授行为进行监管,防止师傅"教一手,留一手";同时,根据徒弟的绩效给予师傅一定的奖励,以激励师傅完全共享隐性知识。在这样的激励下,师傅完全共享知识,徒弟也努力学习,因而徒弟可以获得较高的绩效工资;徒弟的绩效工资越高,师傅的奖励也越高,师傅就越有动力教授徒弟,因此,企业内知识共享的成效也更大。

|案例 4-3| 蔡司(中国)的"帮扶制"

德国卡尔蔡司集团是全球视光学和光电子工业领域知名的跨国公司,而卡尔蔡司光学是该集团的事业部之一,是全球视光学行业的领导者。卡尔蔡司光学(中国)有限公司[简称蔡司(中国)],是卡尔蔡司光学的全资子公司。

蔡司(中国)全面实施"帮扶制度":员工进入公司后,会根据工作时间和所掌握的技能由新员工逐级晋升到入门级、成长级、熟练级,直至大师级。熟练级和大师级员工可以自愿担任 2～4 名低级别员工的导师,帮助他们尽快提升操作技能等各方面的能力。一旦师徒关系确定,就会由所在班组的领班为他们制订帮扶计划,列明辅导项目和完成时限,届时由培训员进行考核。徒弟通过考核就能拿到相关操作技能的上岗证,这样一项项技能累积下来,总有一日徒弟也能晋升到大师级。为了提升导师的积极性,绩效管理体系中将帮扶数量等指标直接与奖金挂钩,导师不仅能拿到丰厚的物质奖励,帮扶的经历还将成为其日后晋升管理岗位(如领班、培训员)的重要依据。

通过帮扶制度,熟练级和大师级员工数量已占到蔡司(中国)一线员工总数的近60%。

资料来源:《商业评论》刊载的《蔡司光学:绩效管理精益化》。

|案例4-4| 海底捞独特的师徒制

在餐饮行业,店长的经验(隐性知识)至关重要。突发性问题会让没有经验的店长不知所措,甚至酿成舆情危机,导致整个品牌受损。为此,海底捞设置了独特的利润分享机制。

只有A级店的店长有资格当师傅,师傅有选择徒弟的自由,但同时带的徒弟人数限制在5~12人,并且有专门的资格考试对徒弟进行认证，合格者成为储备店长。

师傅的工资分为基本工资和浮动工资，浮动工资部分是利润分享，师傅有权从以下两种分配方案中选择：自身餐厅利润的2.8%，或者自身餐厅利润的0.4%+徒弟餐厅利润的3.1%+徒孙餐厅利润的1.5%。

在后一种方案下，公司拿出利润的5%作为激励店长层级的总体奖金池。师傅得到自己门店利润的0.4%（按一个月盈利100万元的成熟店计算，店长在这方面的浮动月收入只有4000元）。虽然这部分的激励额度不大，但设置这部分激励意义重大：虽然公司不考核店长的财务指标，但店长至少有义务保证自己的门店财务运营健康。

在激励师傅共享知识方面，徒弟店利润的3.1%自动计入师傅的浮动工资。徒弟如果再带徒弟，徒孙店利润的3.1%自动计入师傅的浮动工资，1.5%自动计入师爷的浮动工资。这样，师傅从徒子徒孙所在门店所得的浮动工资有可能远远大于自己的基本工资。

有了从徒子徒孙店提取利润的激励机制，师傅们不仅对徒弟倾囊相授，还愿意凭经验帮徒弟找好的开店位置，开店以后帮助徒弟店提升评级和培训服务员。徒弟店的评级不影响师父店的评级，但只有徒弟店也达到A级，才有资格发展徒孙，让徒弟自己提高个人收入（3.1%的徒孙店利润），再让师父进一步提高个人收入（1.5%的徒孙店利润）。

资料来源：海底捞招股说明书。

第 5 章　手段：绩效管理

绩效是指组织、团队或个人从事某一种活动而产生的成绩和效果。高绩效，是企业或其他组织和个人普遍追求的目标。人才发展五星模型倡导的是互相投资型的新型组织员工关系，提倡组织通过各种方式发展人才，并从中得到合理回报，形成竞争优势。当对员工投入更多时，企业自然会关注绩效如何，以及企业的投资是否得到了合理的回馈。由此，绩效管理就成为五星模型中的重要一环。无论是企业文化落实，还是人才培育、组织发展，绩效管理都是衡量其目标是否实现的重要手段。

在绩效管理方面，五星模型倡导全面的绩效管理体系，它主要由评估体系、激励机制和反馈提升三部分构成。评估体系是绩效管理的基础工具，关注绩效的结果层面，通过客观标准进行绩效评估；激励机制与评估体系相辅相成，重点是提高员工的潜能，在过程中对员工的工作进行激励从而促使员工达成目标绩效；反馈提升能通过对员工进行反馈促进员工行为的改进，继而实现绩效的改进和提升。

传统绩效管理体系的弊病

以工业时代最常见的绩效考核方法之一关键绩效指标（key performance indicator，KPI）考核法为例，它的特点包括：把个人与部门目标及公司整体目标联系起来；管理人员可相对灵活地、阶段性地对部门和个人的绩效水平进行评判和控制，以引导公司的发展方向；对员工直接利润和间接利润的贡献大小进行定量和定性的评价，并根据绩效结果进行奖罚。KPI对于生产制造或销售人员较易操作，他们的工作指标容易采集，如销售收入、销售利润、毛利、回款及客户数量等。

KPI法的这些特点可谓一把双刃剑，在工业时代可以是优势，在数智时代却可能成为劣势。数智时代企业的核心是设计和生产出能让用户尖叫的产品，以提升客户的体验，这样的企业目标不再像过去追求的产量和销量那么容易量化。KPI法主要依赖目标的设定和指标的选择，这两者在数智时代存在更大的主观性。另外，从激励机制看，KPI法主要与物质激励挂钩。而数智时代员工的更大需求是自我实现，与物质激励挂钩会使员工的需求、能力和自我驱动力受到抑制，员工潜能难以得到充分激活与利用。况且，物质激励水平并不总能与激励效果成正比，有时甚至会适得其反。

除了绩效考核法存在缺陷外，传统绩效管理体系在实施过程中也存在一些问题。

首先，传统的绩效管理大多以结果为导向，轻视过程中对绩效考核指标的实时监控与分析，忽视与员工的及时沟通与反馈，员工很难进行持续改进，甚至影响指标的完成。评估体系追求结果，员工缺乏主观能动性，难以在实现组织绩效目标的同时实现自身价值，尤其当两者不一致时。

其次，自上而下的考核大多采用比较机械化的绩效指标，与员工日常工作内容脱节，导致绩效管理流于形式，缺乏切实效果。不同部门工作性质和工作内容的差异也会导致不同管理者对绩效考核标准在理解上的差异，造成不同部门员工间的考核标准差距较大。

再次，很多企业将绩效管理简单理解为绩效考核，或只将其作为年终奖金发放或工资调整的工具和依据，没有进一步对绩效结果进行全面分析并及时给予反馈，忽视了实现绩效改进和员工能力提升的目标。

最后，有些企业的绩效管理缺乏系统性支撑，考核标准模糊，考核者个人好恶主观性较强，导致考核结果的随意性强，可靠性低。也有一些企业绩效管理过于追求全面，要求勤、能、德、绩一项不差，导致主观评议指标权重过大，缺乏公平性、客观性和连续性。

| 案例 5-1 | 索尼绩效考核的副作用

日本科技巨头索尼公司从 1994 年开始实行绩效考核，当时公司从原来的事业部制改革为公司制。与"责任、权力、资源下沉"相配套，索尼同时导入"绩效薪酬"制度。除了传统的收入与利润两个指标外，公司还增加了净资产收益率、资产回报率和现金流等考核指标，并将这些指标完成情况与经营管理者收入挂钩。管理层考核重点转变为股东价值及经济增加值（EVA）指标。员工层面则导入绩效考核机制，将考核结果与员工的奖金和晋级结合。

改为公司制的目的，是要激发各业务单元的主动性。改革初始阶段（1995～1998年），新的考核制度确实达到了董事会所期望的刺激收入和增加利润的目的，1997年和1998年连续两年收入与利润都大幅增长。但好景不长，1998年之后，随着数字技术快速取代模拟技术，索尼开始陷入衰退和亏损。究其原因，与当时绩效制度导致的短期化倾向和本位主义直接有关。

子公司总经理要对投资负责，并且投资回报率不得低于10%，这导致管理人员更偏爱能带来短期回报的产品，不愿意投资风险大但对未来很重要的技术和产品，使得追求眼前利益的风气蔓延。每个业务单元都变为独立核算经营的公司后，当需要为其他业务单元提供协助而对自己业务单元又没有短期好处的时候，大家只关心自己的"一亩三分地"，没有积极性去进行协作，而集团则丧失了集中力量办大事的能力。

数字化绩效管理的优势

丽思卡尔顿酒店对前台接待员的要求是：必须在电话铃声响三声之内，面带微笑地接起电话，并叫出客户的名字。其他一些酒店的要求包括：五秒内回应客户，使用规范礼貌用语，与客户说话必须使用"请""您""需要什么帮助"等。在传统的绩效管理体系下，对这类行为的考核难以实现——如何判断前台接待员是否在五秒内或电话铃响三声之内面带微笑地回复客户？也很难观察和记录员工每天接待客户时使用了几次礼貌用语，更难观察和记录接待员是否面带微笑并叫出客户的名字。然而今天，只要企业拥有数字化业务运营系统，就完全可以依靠声音识别系统和人脸识别系统自动追踪，有效了解客户服务要求的实施情况。系统还能时时提醒前台接待员注意工作语言，更好地满足客户需求。

数智时代，科学化管理方式需要定量化、标准化和系统化。绩效管理也需要基于数字化业务运营的生态体系，员工所有的工作内容都能用数字化智能信息系统进行定量分析，进行精确化和精细化的绩效评估。这样的数字化智能信息系统可引入非经营性数据，对员工的行为进行观察、计量、监督和考核。考核的范围扩大，深度加强，透明度也更高，使得绩效管理系统更加科学和完整。

企业通过数字化建模对行为和结果进行相关性分析，研究行为与结果的因果关系。绩效管理系统通过数字化建模对相关性和因果关系进行分析，弄清什么样的行为可改善运营、产品和服务质量，提升组织能力。

这样的绩效管理体系还能有效地对组织能力进行新陈代谢和自我更新。例如，销售人员与不同客户的互动方式及运用的销售话术，以及销售团队的管理方式与培训内容等，经过数字化建模与分析后，更能适应各种场景和客户的需求，从而提高销售绩效。

数智时代的绩效管理能做到持续观察，及时反馈，改善行为，并影响结果。绩效和行为反馈不用等到一个月、一个季度、半年或者一年以后再进行，智能的信息系统可以实时同步。考核者每天都能看到员工绩效目标的完成情况，并及时反馈给员工，持续改善员工的行为，以提升绩效。

在数智时代，绩效管理的视角从传统的宏观定性观察转向聚焦微观领域（比如人的行为），进行多维解析，而后沉淀丰富的绩效数据。所收集的绩效数据不仅包括组织和个人的绩效结果，还涉及员工的工作行为、工作过程和工作结果，并且数智时代的绩效管理体系持续沿着业务流程时间轴进行更精密、更全面的信息采集，基于模型算法进行快速处理和即时反馈。对绩效解析度的这一处理技术和过程，我们称为绩效维度的颗粒化。

绩效维度的颗粒化使得绩效维度更具有针对性、客观性和即时性，极大提升了绩效维度的透明度，为更精准的管理改进提供决策依据。绩效维度的颗粒化不仅包括对业务流程与环节的高度细分、全过程绩效数据的采集、绩效指标的甄选与权重分配等，还包括大数据的积累以及数据算法的构建与检验等大量技术性的信息处理。

这一系列技术处理使绩效管理变得更透明、公正、多元、系统和即时，给员工带来自主性和积极性，给组织带来更好的绩效。

公平性

员工产生不公平感受的根本原因与个人的主观判断、个人所持的公平标准、评定人的素质等诸多因素有关。人们对于公平性的理解也许见仁见智,而比较的结果是否符合客观实际,则取决于人们获得的信息是否完整,不完整的信息会使人们的比较脱离客观实际。同时,公平与否的感受也受到个体价值观念、知识经验、意识形态和世界观等的影响。因而,不同个体对同种报酬的效用、同等投入的价值的评价都可能不同。例如,有人看重工资或奖金等物质收益,有人更关注晋升等职业发展;有人认为学历很重要,也有人相信经验更重要。这种个体的认知差异会使比较失去客观标准,导致即使两名员工的投入产出比完全相当,两人也都可能感到不公平。

数字化绩效管理能在一定程度上解决信息不对称问题,使员工对比较对象的投入和产出情况有足够了解,使原本主观性的比较变得更为客观。数字化绩效管理还能针对不同个体在报酬效用和投入价值评价方面进行差异化管理,因为它能捕捉和沉淀历史数据,记录在历史时期薪资变动和晋升对每名员工产生的不同效果并建模分析,然后有针对性地给予相应的激励方式,使员工能在信息透明的前提下进行社会比较,以达到建立自我客观标准的过程。员工的公平感受能够激励员工,并产生更优绩效。

数字化智能信息系统能将每名员工工作成果的数量和质量,以及员工的能力、技能、资历和学历与给企业或组织创造的价值,进行综合建模分析,利用算法计算出创造价值的权重比,再基于这个权重比进行绩效标准设定,按照价值输出系统自动进行绩效考核,降低评定人的主观差异,使员工激励体现在价值输出上,增加员工的公平感。

传统绩效考核中,很多过程行为难以观察、统计、监督、考核和共享,导致要么以结果为导向而不重视过程,要么对过程的考核全凭主观印象。今天,企业的数字化业务运营管理系统所收集的数据更全面,维度更广泛,产生的结果也更准确。大量的数据信息在全面、有序的企业战略管理框架中被归类和识别,并通过数字化业务运营系统中的技术工具进行数据沉淀和萃取,形成一整套完善的数字化业务运营生态系统。该系统能精准地捕捉到被考核者在工作过程中的行为数据,自动记录和计算考核目标的完成情况,并以此为据实施考核。

数字化系统能让绩效管理做到责、权、利有机统一，工作目标可量化、可操作、可考评，用数字说话，让员工心服口服。

实时性

传统的绩效考核和反馈缺乏及时性，而在数智时代，绩效管理能做到实时性。数字化绩效管理能将计划、实施、考核和反馈的闭环缩短，数据的沉淀能以分钟或秒为单位，评估周期大大短于传统的以周、月或季为基础周期的考核，以及半年或一年的结果考核。数字化系统具有实时流程监控功能，任何时点、任何环节出现问题，系统都会及时提醒和反馈。

绩效管理的闭环不断缩短，为企业应对瞬息万变的外部环境提供了战略工具。工作中，智能设备和系统通过对过程和各时间节点目标的完成情况进行即时监督，并及时反馈给员工。员工根据智能设备的提醒和反馈及时调整行为，最终改善绩效。企业的绩效管理依托于网络化、数字化和智能化的管理系统，及时发现问题、分析问题，即时做出决策和反思总结，同时也大幅降低企业绩效管理的成本。

以能帮助企业降低 30% 以上相关成本的钉钉考勤

为例，其智能移动考勤和自动汇总报表功能可大大缩减人力资源部门考勤统计的时间。原先，员工请假、出差、外出等申请审批都需要人力资源部门人员手动汇总到考勤统计表中，而使用钉钉考勤后，这些审批数据会自动同步到员工的考勤统计表中。原先，多个工作地点的考勤数据需要人工收集，然后手工汇总到考勤统计表中，使用钉钉考勤后，可以通过人脸识别或刷卡收集信息，并自动汇总全集团的数据。管理人员可在手机端实时查看考勤汇总，借助自动生成的考勤排行榜，对反映勤奋情况的行为数据进行定量分析，从而避免原先"拍脑袋"定性分析的情形。

不仅如此，钉钉考勤比传统的考勤系统更人性化。传统考勤系统经常导致上下班时间"一窝蜂"排队打卡的情况，而且员工还经常忘记打卡。钉钉考勤可接入人工智能设备，借助人脸识别技术进行笑脸打卡，让所有员工的工作从微笑开始，不再忘记打卡，确保考勤结果有效，避免替代打卡的情形。

多元性

在工业时代，企业和员工是雇佣关系，员工需要依赖企业所拥有的资源和生产资料来创造价值，员工依附于企业而存在。在数智时代，企业的用人观发生改变，"只求所用，不求所有"的理念开始流行；与此同时，越来越多的个人加入弹性工作者的行列，追求"斜杠人生"（满足人生扮演不同角色的愿望）。企业和员工的关系逐渐发展为长期合作关系，共建生态系统而形成共生关系。随着组织边界变得模糊，企业管理的范围边界也日益模糊。

多元性主要体现在企业数据的多元化，从组织或团队的整体数据到员工的个人成果、能力、态度、团队精神和自我追求等，都可以作为一个维度的数据被记录。这种多维度的数字化管理系统，不仅能使企业内部的绩效管理更精准、及时和通透，还能管理企业的业务合作伙伴，对它们的表现进行考核并及时反馈结果，给予相应激励。

| 案例 5-2 | 滴滴和新零售的绩效制

滴滴平台的制度是"按劳付酬"：依据用户评价对司机进行绩效考核。在滴滴等打车平台上工作的司机属于企业外部的业务合作伙伴，他们能随时通过手机端查

看已驾驶的里程数、乘客对自己的评价、是否因服务欠缺被扣业务分成收入，或者是否因为提供了超出客户预期的服务获取了额外奖励等信息。他们获取的奖励是实时的，平台对司机的激励也是实时的，这使得司机能通过实时考核、反馈和激励马上对自己的服务行为进行调整，从而改善服务和绩效结果。

新零售企业的制度是"按业绩付酬"：基于全渠道销售转化率对品牌合伙人进行绩效考核。传统零售卖场的导购人员属于企业员工，这些人员的离职率一直居高不下。传统的绩效管理体系中，导购员的提成是根据他们在卖场中完成的交易额来计算的，这导致他们只关注在店内产生消费行为的顾客，而忽略犹豫不决的潜在客户。在数智时代，这些传统导购人员由员工转变为品牌合伙人，借助企业的数字化业务运营管理系统，能在线下卖场里抓取到系统里的潜在消费者。

不仅如此，无论是这些品牌合伙人在卖场内、卖场外做成的线下交易，还是任何形式的线上交易，都可通过全渠道、全产业链打通的数据，统计汇总到其绩效表现中，让其得到相应的报酬。这极大地提高了这些人员的积极性和归属感。在这样的机制下，品牌合伙人的工作性质从原先的现场导购员变成了企业全渠道的销售人员，他们可在卖场内外的各个渠道进行营销，也可借助自媒体平台营销，影响潜在消费者的购买行为。

今天，绩效管理体系与商业模式一样迭代速度很快，绩效考核的方式层出不穷，除了上述案例中的按劳付酬和按业绩付酬，还有按交易量付酬、按交易率付酬、按点击率付酬，以及按服务时长付酬等。

系统性

从员工的角度来看，数字化绩效管理除了能让员工感到公平与及时外，还能满足员工的多种需求，借鉴消费平台的大数据"千人千面"技术能实现这一点。天猫与京东依靠大数据技术实现了"千人千面"的个性化内容推荐，针对不同用户提供不同内容展示。该技术利用贯穿网页版、应用程序或微信平台的海量用户行为数据，建立用户、商品和店铺间的关联图谱。在选取推荐品时，算法会基于购买行为、浏览行为、用户偏好、地域属性等维度进行运算。

数字化绩效管理利用数字化业务运营系统的人工智能和大数据技术，通过建模分析历史时期的投入和产出比，清楚了解每个员工的哪些行为因素能增加企业价值。系统根据这些因素及时调整不同岗位的考核方向和标准，从而正确引导员工的工作。数字化业务运营系统还会分析寻找各部门员工的投入与企业长期价值及短期价值的因果关系，计算找出最关键因素，如各部门的投入权重以及管理、研发、产品与销售之间的价值分配，然后系统性地调整绩效考核的方法和标准，以达到企业长期价值与短期价值的平衡、各部门与系统的利益平衡。

数字化绩效管理更注重分享、沟通和交流，平衡好绩效过程中人与数据的关系。数字化绩效管理更重视以人为本，让人的潜能极大地发挥，从而提高团队的执行力和凝聚力。

数智时代的员工更注重工作的意义感和自我价值的实现。随着人工智能技术的深度应用，企业日常的监督、管理和反馈都可以交给数字化业务运营系统，管理者可以更聚焦于组织目标与个人目标的统一、目标与工作意义赋予的统一。管理者设定绩效目标时融合进员工自身的职业目标，绩效考核结果反馈的目的不在于监督和评价，而是帮助员工改善绩效，以成就员工的自我价值实现。

OKR：赋能员工的绩效工具

在如今的数智时代，组织逐渐转变为帮助个体实现自我价值而存在并赋能于个体的平台，绩效管理的科学性与有效性成为决定个人与组织表现最关键的因素之一。传统绩效管理不适应快速变化的环境，暴露出越来越大的局限性。因此，绩效管理不能停留在1.0时代的单纯考核，也不能停留在2.0时代的绩效考核+目标管理，而应该向前发展到3.0的绩效赋能模式，从深层的动机层面去孵化和培育人员的内在动力。为此，企业迫切需要全新的工具以提升个人与组织的绩效表现。

目标与关键成果法（objectives and key results, OKR）是帮助企业、团队和个人明确发展目标、跟踪工作进展的管理工具，由英特尔公司创始人安迪·葛洛夫（Andy Grove）发明，约翰·道尔（John Doerr）将其引入谷歌并发扬光大。后来，脸书（Facebook）和领英等公司都开始使用这一工具。2014年，OKR传入中国。2015年后，百度、华为、字节跳动等企业都逐渐开始使用和推广OKR。

OKR的设计原则是多向互动：首先，强调方向的一致性，目标自上而下制定，先有企业战略，后有团队和个人目标；其次，强调员工的主动性，反映个体对于组织的责任感和对自身工作的期望值；最后，强调跨部门协作。OKR能激发员工自觉的积极行为来达到提升绩效表现的目的，主要原因有两个：一是员工的参与程度会影响工作行为；二是OKR也是个人价值的体现，实现组织目标的过程也是实现自我价值的过程。

相比传统的绩效管理方式，OKR具有敏捷开放、公开透明、自下而上、目标和评价解耦四大特征。

敏捷开放：OKR不一刀切地设定固定的目标，一切取决于业务。团队无须按部就班地每半年设定一次目标，而是可以根据环境的变化随时更新目标。

公开透明：正常情况下，OKR是全公司可见的，这能显著增强团队成员之间的业务协同，员工既能清晰地感知到自己的工作对组织的价值，又打开了目标视野，思考如何为上层组织做出更大贡献。任何员工在任何想要表达的时候，都可实时在线给出一条评论，而不需要像传统绩效管理那样，定期由HR去催促主管"该做绩效辅导了"。

自下而上：OKR强调，在设定员工的工作目标时，要有相当一部分是员工自己提出来而非上级指派的。只有这样，员工才能体会到这是自己的目标，而不是他人强加的，为了实现目标而努力付出的热情才会真正被点燃。当然，员工自主设定目标，并不等于员工可以天马行空地设定目标，还是需要向组织的目标看齐。

目标和评价解耦：传统绩效管理在绩效评价时，需要评估员工当初制定的目标完成了多少，绩效结果将直接影响员工的升职、加薪等物质回报。这可能导致员工在设定工作目标时刻意压低自己所能达到的目标水平。OKR则将目标管理和评价管理分离，目标管理专注于目标的设定、达成及反馈，而绩效评价环节专注于对所做贡献的公平回报。目标和评价解耦正是为了卸掉压在员工身上的沉重的考核包袱，让他们轻装上阵，在创造价值的时候只需眼睛盯着客户，而非时时患得患失，关心自己的得分是多少。

当然，OKR的有效性需要一定的适用情景和范围来作为保障。目前,OKR实施效果好的企业多为具有硅谷文化的互联网公司,这些企业面临的外部环境前瞻多变,人员结构精英优质,管理模式尊重个人的发展,公司有能力持续创新、迅速迭代、进行大量跨部门协作和大规模团队合作。OKR能为这些企业创造价值,其主要原因包括以下几点。

第一,互联网企业需要通过迭代、跟踪目标来引领发展。OKR在这方面具有明显优势,它不要求企业设定非常明确的目标,只要认清在外部市场取得成功的方向,就可通过对目标的跟踪和迭代发挥作用。OKR的迭代周期相对较短,有利于企业针对外部环境的变化迅速做出反应和调整。

第二,硅谷的互联网企业是知识型人才聚集之地,员工具备优秀素质,也更加重视自我价值。员工对行业发展趋势的判断和对客户需求变化的敏感性往往是组织绩效提升的突破口。OKR向员工提供了自主性和持续的内外反馈,有利于这种突破的产生。

第三,互联网行业激烈的竞争使得企业必须不断开发和引入新产品与新技术,创新是制胜关键。互联网企业的员工有相当一部分从事的是创造性工作,使用KPI

很难进行任务分解,而太明确的关键绩效指标也容易限制员工的想象力和创造力。OKR则只在方向上提供指引,为创造性和想象力的发挥提供了空间和灵活度。

第四,互联网企业经常采用项目制的方式进行技术攻关和产品研发,项目制的跨部门协作是资源优化配置的结果之一。OKR注重协作与沟通,团队成员不仅要向整体目标看齐,还必须与协作团队横向互动,与合作各方的OKR达成共识并形成合作联盟。OKR为项目团队的高效合作提供了保障和及时反馈,让项目制的管理模式得以顺利运行。

对于那些处于快速变化的外部环境中,并且需要通过不断创新和跨部门有效协作来实现组织和个人绩效提升的企业,OKR是很好的解决方案。综上所述,OKR适用范围如下:

- 需要灵活应对市场不确定性的创新型和学习型企业
- 需要建立跨部门协作的执行能力的业务转型期企业
- 有尊重员工和团队协作的赋能文化和领导
- 组织架构扁平,跨部门互动频繁

OKR绩效管理模式对员工素质要求也与传统模式

大有不同，组织内和团队的大多数成员需要受到过良好的教育和培训，具备优秀的个人素质，能够做到自省和省人，对自己和团队成员的工作做出客观而全面的评价。换句话说，OKR 绩效管理模式并不适用于有大量教育程度一般的员工或大多数岗位是操作性和执行性工作的传统企业。OKR 的理念有些超前，难以即刻落地生效。它的有效执行还需要有合适的企业文化、开明和公平的领导者，以及有敬业精神和自我驱动的员工。

OKR 并非万能钥匙。OKR 强调挑战组织与个人能力的极限，设置看似无法完成的高水平的目标，通过自我价值驱动，朝着实现高水平目标的方向努力。这一特点决定了 OKR 的目标通常难度大，容易导致执行者为了绩效而降低目标难度，与管理者的初衷背道而驰。

此外，OKR 更重要的意义是激发员工的工作热情及团队意识，而这些效果一时难以量化。因此，在运作初期，OKR 结果不适合与薪酬体系直接挂钩。大多数使用 OKR 的互联网企业会同时使用其他绩效评价工具，最常见的工具是同伴评审（peer review）。同伴评审一般会邀请评价对象的上下级、项目合作伙伴或其他有合作关系的团队的成员对评价对象在一个绩效周期中的工作表现、成果贡献、能力价值等方面进行综合评估与反馈，并以此作为薪酬和奖金的重要考量依据。

数智时代的组织是赋能型组织，数字化绩效管理不仅要管理好内部员工，还要管理好外部的合作伙伴，让所有利益相关方都能达成所愿，共同构建共识与共赢的良性生态。

数字化绩效管理的目标并非纯粹地追求绩效数字结果，而是要激发员工的内驱力。数字化绩效考核能实现精准的计算，满足多角度算法，但如果员工的招聘、日常评估和离职完全通过数据，那么，公司的管理也会显得冷冰冰，完全没有温度。而且，如果数据出现一点偏差，就有可能失之毫厘，谬以千里。因此，数字化绩效管理并不能完全解决企业的绩效问题。更好的方式应该是平衡绩效与情感需求，因此，推行数字化绩效管理的企业需要有灵活的组织机制和开放的文化氛围。

灵活的组织机制。企业需要调整以往职责界定清晰、业务流程固化的组织管理模式，打破部门藩篱，弱化管理层级，引入项目组、矩阵式、临时机构和虚拟团队等灵活机动的组织形式。这不仅仅是组织结构上的变化，也是经营团队管理思想和观念上的变化，要能够接受看似不循规蹈矩但又有章可循的运营状态。

开放的文化氛围。企业需要建立容错的文化，这并不容易，尤其在制造企业中，所有的生产环节都需要按照严格的标准执行。企业需要在降低错误率和容错之间寻找平衡。数字化绩效管理强调"自下而上的员工自我驱动"，这与强调结果的传统绩效体系不尽相同。传统的体系也让员工参与讨论和制定过程，但基本前提是必须支撑部门和公司结果的达成，且必须围绕着自身岗位职责。而数字化绩效管理体系强调一定要有部分绩效体系是员工自下而上提出来的，即在公司战略前提下，员工主动思考自己及自己的团队能够做些什么。这种主动思考的方式有助于打破职责界限，只要经过共同讨论认定是正确的，就可以设定为目标，然后共同思考如何实现。

第6章

保障：组织发展

五星模型的另一重要组成部分是组织发展。组织发展是一个数据收集、诊断、行为规划、干预和评价的系统过程，致力于增强组织结构、进程、战略、人员和文化之间的一致性，开发新的创造性的组织解决方法，发展组织的自我更新能力。组织发展的核心目的是：让组织不断适应外部环境的变化，让组织可持续性地健康发展，让人、团队和组织的潜能最大释放，让组织中所有成员的工作效率最大化。组织发展涵盖组织设计、变革管理和领导力发展等领域。

　　组织发展具有整体性，可应用在一个组织、一个部门或一个团队中，并对应不同的目的。组织发展建立在行为科学知识和实践的基础上，既包括领导力、激励和工作计划等微观层面，也包括组织设计、战略发展等宏观方面。组织发展涉及计划变革与管理，需要解决如何实施有效变革的问题。组织发展旨在通过程序优化等提高工作质量和组织效果。

企业的组织结构设计绝非易事,一劳永逸的答案并不存在,尤其是在变幻莫测的 VUCA 时代。尽管如此,数智时代的组织结构设计还是有关键原则可遵循的:组织结构保持扁平,有利于加大决策者、管理者与员工的沟通频率和深度,有利于授权和赋能员工,有利于减少对员工的监督和控制,增加员工的自主性和自由度。

柔性化组织

从工业时代开始,企业就一直在分工明确化和管理规范化的道路上不断努力。到了数智时代,由于市场环境、客户需求和商业模式等快速变化带来不确定性,企业越来越趋向于通过协同提升组织绩效。这种协同是在产业生态复杂性和多元化的认知基础上,让组织具有更开放的格局和视野,并且在企业内部协同带来高绩效的同时,与外部产生互动性的关联,融入协同共生的生态价值网络。

要贯彻执行协同管理理念,企业需要突破职能和部门固化的传统方式,在组织结构、信息化体系和沟通方式等方方面面更加柔性化,通过扁平化、去中心化的方式使个体充分被激活,使组织焕发活力。同时,相比短期的经营收入和财务指标,这种柔性化的体系架构能让组织进入健康运营的轨道:实时的业务部门协同、共享的知识和资源、有效的沟通和协作、可预知掌控的风险……企业不再急于追求短期收入效益，而是基于长期运营发展的思想，让组织更柔性化、更健康，从而在面临各种不确定风险时，能迅速展示出新的竞争力。

柔性化组织变革是数智时代的大势所趋，它不仅内涵丰富，而且意义非凡。柔性化组织变革既是打破传统市场运作规则、集成各方资源的新型商业模式，也是优化企业内部管理，激发员工创造力的组织模式。

组织规模小型化是另一个趋势。工业时代，很多企业通过扩大规模、增加产量来追求规模经济效益。这种方式在很长一段时间内是行之有效的。但是今天，任何一家小公司都能通过互联网数字平台以较低的成本建立全球的销售系统，在开放的市场中与大企业竞争。小公司的灵活性和创新性明显强于大企业，因此，企业规模的小型化和灵活化也是组织形态发展的新趋势之一。组织规模的小型化主要是指人员和组织规模的缩小。数字技术能帮助企业对资产绩效进行监控、分析与预测，将非核心和非战略性的资产外包出去，从而灵活轻巧地应对外界变化。许多大企业正在通过数据建模分析选择业务剥离、流程再造、业务流程外包或建立战略联盟等方式来使自己的经营实体小型化,从而达到降低成本、提高应变能力和提升竞争能力的目的。

企业关系新格局的本质是组织边界的变化。组织边界的界定,必然会影响组织的架构,因为架构决定部门与部门的关系、人与人的关系、责权利的界定。数智时代,平台组织、团组组织、网络组织和圈层组织等柔性化组织不断出现。这些趋势都使得组织的内部边界与外部边界变得模糊,富有柔性和灵活性。这种柔性更易于资源、信息的传递和扩散,促进各项工作在组织中顺利展开和完成,使组织作为一个整体的功能远超各个组成部分的功能之和。

平台组织

平台组织有好几种形式,但它们都具有四个重要特点:第一,有大量的自主小前端,这些小前端是千人千面的状态,服务的是不同的客户群。第二,有规模较大的平台在背后支持前端服务,为前端赋能。第三,产生了多元的生态系统,自身进行的是一个有机生长的过程。第四,鼓励自下而上的创业精神。

"大平台+小前端"模式。在这种平台型组织的运营模式中,"大平台"指的是为前端提供快速设计方法和后端服务的系统化操作流程和统一化服务,而"小前端"则是指灵活多变的一线业务人员,他们的工作要求是快速反应与灵活应对。

韩都衣舍就是"大平台+小前端"柔性化组织的典型代表。韩都衣舍在前端有 300 个左右的产品小组,在后台有七个支撑体系。在日常运作中,产品小组得到来自七个支撑体系的赋能。这些产品小组通常由三名来自不同职能部门的员工组成,后台职能体系为前端的三人小团队输送资源与服务。这七个支撑体系之间也有竞争机制,小前端可根据支撑体系的排名进行选择。

柔性化组织模式能在韩都衣舍运作成功与创新的实验成本及回报的价值大小有关。一方面,服装新品开发的实验成本较低,韩都衣舍 300 多个小团队贴近客户需求,推出的新品总会有成功的个案;另一方面,实验成功取得的价值回报很高,因为韩都衣舍的爆款产品销量一直非常高。因此,韩都衣舍的业务模式非常适合进行柔性化组织实验。如果企业客户数量不够多,新产品研发的实验成本较高,在不具备成本、效率和规模优势的前提下,不太适合进行这样的实验。

"强中台"模式。平台型组织的另一种运营模式是"强中台",即在小前端与大后台之间建立强有力的连接。中台战略是把企业的核心业务能力建立在共享服务体系之上,真正发挥出服务化的核心价值——服务重用。中台架构的最大优势:快速支撑,响应业务;抽象共性,边界清晰。

以新零售领域为例,企业以客户为中心划分为前台、中台、后台。其中,前台是离客户最近,最理解和洞察客户需求及行为,最终实现和提升客户价值的职能岗位,其核心能力是对市场和客户行为的深刻洞察,满足客户需求的产品创新和精细化运营。中台是指为前台业务运营和创新提供专业能力的共享平台职能,其核心能力是专业化、系统化、组件化和开放化。后台是指为整个商城提供基础设施建设、服务支持与风险管控的职能,包括人力资源、财务和法务等,其核心能力是专业化、服务意识与能力。

新零售企业在借助大数据支持进行的"人、货、场"重构中,利用数据中台来统计和分析会员、商品、供应链和卖场等各种维度的数据,然后利用业务中台给前台人员提供更专业化的引导和升级。阿里巴巴入股后，银泰百货开始进行中台建设的实验：在会员管理方面，通过多门店和线上线下互通实现全渠道会员数据统一管理；在商品管理方面，通过进销存一体化、订单智能分配等功能，使门店共享商品信息；在商城运营方面，通过客流分析和客群路线分析等，洞察消费需求与行为，实现运营数字化，形成完整的数字化转型，助力线上线下深度融合，实现智慧零售的新格局。由此可见，数字化中台是新零售行业无缝连接"大平台"与"小前端"的强大基础和后盾。

数智时代要求企业具有更高的开放性和包容性，中台以柔性灵活的架构连接整合企业的前台和后台系统，从而将企业内部与外部资源、客户需求进行统筹管理。与之前按职能角色进行分工的管理方式不同，中台将企业视作一个整体，更强调资源整合以及内外部的广泛合作。

同时，中台强调以组件化、共享性的思维推动业务的快速迭代创新，通过个性化的组织方式、业务过程和管理流程，随时扩展、调整、组合出新的业务形式，以持续不断的创新形成企业的差异化竞争力。

"生态圈"模式。"生态圈"的概念源于自然生态圈。在自然生态圈中，任何生物的生存繁衍都需要其他生物的价值贡献，各生物种群之间相互依存，最终实现多方共赢。商业生态圈是基于竞合关系发展出的崭新商业模式，通过连接两个或多个具有互补需求的商业群体，提供交易场所和机制，满足各方的需求，实现各群体间的协同，从而达到共生的目的。

数智时代的竞争是基于生态系统的竞争，企业之间需要跨界融合，在生态系统中共融共生。任何一家企业都难以脱离这个系统而独立生存，一旦脱离这个生命力强大的系统，企业就会逐渐衰弱或被取代。只有那些能顺应时代发展并积极构建生态系统的企业才能在激烈的市场竞争中获得竞争优势。这就要求企业不再仅仅依赖内部能力，而是要将目光转向组织之外，与各利益相关方共同建立生态系统，并通过这个系统发掘其他伙伴的潜力，推动整个系统的完善，以创造更大的价值[1]。

2016年10月，马云在云栖大会上提出了"新零售"战略，其核心就是依靠大数据和智能技术构建"线上+线下+物流"模式的供应链生态圈，菜鸟网络与电商、零售和物流等企业的联合就是在搭建这个生态圈。在阿

---

[1] 吴娟. O2O商业模式下供应链生态圈构建策略研究[J]. 淮北职业技术学院学报，2019，18（5）：64-67.

里巴巴集团的生态圈里,上层有淘宝、天猫和1688等商业形式;中层收付款有支付宝的对接,物流有菜鸟驿站物流体系;底层有阿里投资和小微银行等帮助实现资金的管理和增值。

|案例6-1| 微信生态圈

微信已从最初的社交群逐渐变为融社交、游戏、支付和公共服务等于一体的多功能全方位生态圈。

微信小程序是基于微信的轻应用,它的优势是不需要安装就能直接使用,更为便捷。在小程序诞生前,微信上的公众号电商主要以文章底部的"阅读原文"或链接等作为导流入口,由于需要拉到文章底部,点击"阅读原文"或链接进行购买,过程较为烦琐,因此在这个过程中可能流失不少的用户。而小程序只需点击就能进入购买页面,大大降低了用户的流失率。在小程序电商中,既有京东和拼多多等(这些电商既有自己的App,也有小程序),也有大量并未开发App的电商,它们借助小程序获得了快速增长。小程序一方面帮助开发者低成本地接触用户,另一方面也让用户低成本地(不需要下载,不需要注册)获得休闲、娱乐、购物体验。用户访问较多的小程序包括游戏、电商（出行服务、网购、餐饮和生活服务等），以及工具等。

微信支付是微信生态圈的另一个重要支柱。根据微信支付发布的《2019"智慧36行"行业发展报告》，微信支付已连接5000万个体商户与商家，日均总交易量超过10亿次。在智慧零售行业，微信支付以"流量、数据、体验"为核心，帮助商家量身定制解决方案，实现线下门店数据化和智能化，助力零售企业完成人、货、场的全方位数字化。

基于微信支付的金融服务已涵盖银行、理财和保险等领域。腾讯与易方达基金、中欧基金、华夏基金、南方基金、长江证券等基金公司合作，提供货币基金、指数型基金、股票基金等。腾讯旗下的微众银行与上海银行、北京银行、华夏银行、江西银行等几十家银行合作，提供联合贷款。微信也与泰康保险、易安保险、中美联泰大都会人寿、人保财险、安盛天平财险等合作，上线了微医保、微车保和微出行保险等产品。

微信作为"连接"的工具，在帮助政府实现电子政务方面发挥了不小作用。"城市服务"界面包括了教育、交通、旅游、社保和医疗等多方面服务。

团组组织

米其林就是一种团组组织。它是一个自我管理和赋能的组织。米其林是有一百多年历史的老字号轮胎品牌和生产商。它从 2008 年开始对组织进行转型,历时十多年,终于变成了一个团组组织。

为了进行组织转型,米其林投入了很多资源和时间,让每一位愿意参与自我管理的团队成员接受指导与培训,并把整个生产链切得非常短,让它形成一个相对封闭的独立团队。这个团队就是一个自我经营的团队,团队成员一起决策如何安排生产,如何做质量管理,如何解决生产环节中出现的问题,如何计算成本,如何为整个集团组织创造价值同时又给小团队创造价值等。

米其林这样庞大的生产型组织,为什么要花十多年时间做组织转型?第一,外部环境的变化:客户对产品的需求越来越个性化,流水线生产标准化产品的时代可能即将结束,即便对汽车轮胎也会有定制化的生产。第二,员工队伍在发生深刻的变化,"90 后""00 后"将成为员工队伍的主力,他们希望有参与感、存在感。他们要做自己的主人,有自己的想法,充满活力,充满创意。米其林不仅要利用他们的双手和大脑,同时还要吸引他们的心,让他们全身心投入。

网络组织

在网络组织中,不相关联的、独立的组织或团队以服务客户这一任务为目标组合在一起,形成多个节点,这些节点构成一种互通互融、非常复杂的网络模式。网络组织内部有共享价值观、有对客户需求的共同理解,并不断在内部进行重新组合。网络组织能将资源最大化地利用起来,对客户个体化的需求能够给予最好的满足。

奈飞(Netflix)就是一个非常典型的网络组织。创业初期,奈飞核心员工只有30多人,但各种合作关系的组织边缘人大概有900多人。目前,奈飞业务越做越大,组织中人与人之间的关系、部门和部门的关系仍然是以任务节点组织在一起的。

京东进行组织变革时提出了三大点:第一是网络型组织,第二是价值契约,第三是竹林式生态环境。在网络型组织下,组织架构虽然看起来模糊,但京东内部人员明白自己在做什么。组织结构图不是给外人看的,而是让内部人员了解如何彼此协同的。中层和平台为一线人员赋能，解决共性的问题，并由一线人员向客户提供个性化的服务。京东还提出了竹林式生态环境：竹子的根系都是交织在一起的，彼此间有很强的连接，但每一条根都有顽强的生命力。

圈层组织

滴滴公司采用的就是典型的圈层组织结构。在这种组织结构中，内层是核心，是全职雇佣员工；中间层是通过平台接单的非全职雇佣司机，对他们的管理往往是比较松散的，但有评分机制；外层是有打车需求的客户，由于设有客户评分机制，在某种程度上可以督促司机提高服务水平。这样一种组织结构能够让各种不同的资源得到最高效、最大化的使用，而且所有参与者（包括企业核心员工、全职或兼职的驾驶员，以及客户）都能够从中获益。

快速迭代的变革管理

变革管理从来都是为适应市场的变化而发生的。当人们还在习惯把"泰勒制+福特制"作为组织的标准配置的时候,时代的变迁已经对企业的管理提出了新的要求。在数智时代,一切都在迭代升级,都在转换为数据。连接比拥有更重要,因为它能打破组织的局限性。数智时代的核心关键词不是分享,而是协同,因为协同才能创造系统价值。

传统的流程化和管控型组织已越来越难以适应时代和市场变化,平台化和生态化组织如雨后春笋般涌现并快速成长。流程森严、按部就班的传统公司正在失去快速反应能力,集成资源和信息、灵活机动的企业正在大获成功。互联网、大数据、物联网和人工智能等新兴数字化技术不仅改变了企业的组织惯例与组织结构,而且催生了产品和商业模式创新,成为推动企业战略变革和创新的核心动力。

数字化的一大优势在于降低企业的试错成本，使得创新的代价不断降低，让企业的商业模式和管理方式快速变革成为可能。传统年代，企业是充斥着线性因果关系的机械产物；数智时代，企业内外部都是互相连接的生态系统的组成部分；企业的发展不再遵循"1+1=2"的简单线性规律，而需要考虑企业的重新定位以及与整个环境的互动。数智时代的企业需要问自己的第一个问题不是"我们怎么想"，而是"我们知道什么"。这其实是要求企业重新定义客户价值，在成为数据驱动型企业之前，先成为服务驱动型企业，更加关注客户和市场，为客户创造价值。

数智时代的技术变革主要有三大形式：数字化、互联化和人工智能化。数字化与互联化有何不同？数字化是把能够帮助决策的信息变成数字；互联化是指数据之间要互相连接，产生更多的信息和对未来数据的判断。当数字化和互联化都实现了，这个世界和企业就迈向了人工智能化。企业可以了解每个消费者甚至每个员工的习惯、能力和预期，提供更个性化的需求，比每个人自己更懂、更了解他自己。

这一趋势会对企业经营产生三个层面的影响：一是企业运营模式会改变。这种改变将使作业方式和流程随之改变，否则无法累积数据，也就无法更好地做决策。二是商业模式会改变。企业发现，资源所投入的地方和能够产生更大回报的地方与以往大不相同了，需要向价值更高的地方进行布局，而这一变化就是源于数据带来的影响。三是组织管理的变革，因为企业与员工、企业与同行、企业与上下游的关系都发生了变化。

数字化是一个管理命题，更是一个变革命题，贯穿于企业从战略、组织一直到运营的各个环节，帮助企业创造更大的价值。新的管理学理念为变革提供了思想基础。这种转变的发生源于企业的勇敢尝试。我们不仅看到了企业采用不同的组织形式来管理企业，还看到了传统企业不畏艰难、勇于转型的决心和毅力。它们的积极尝试为组织变革提供了鲜活的素材和经验，为组织未来的发展提供了重要的借鉴。

海尔面向互联网转型的"海创汇"式探索，已成为哈佛大学等国际知名院校的教学案例，管理大师加里·哈默尔（Gary Hamel）也认为："现在海尔是全球先驱型公司中的执牛耳者，正在为后科层制时代和互联网时代重新塑造管理学的面貌。"这种尝试与转变将持续进行下去。相比过去线性体系下的"标准答案",在新环境和新管理学理念下的企业必须将其目标转变为寻求"参考答案"。不断根据环境变化和自身发展状况,对组织变革进行修正,对内部流程进行梳理,将成为企业发展的新常态。

|案例 6-2| 林清轩的新零售

林清轩是 2003 年创建于上海的化妆品品牌。为了推行新零售,林清轩在 2017 年成立了新零售部。

林清轩在线下门店推行的新零售策略中,最主要的就是"手淘+钉钉"模式:先由林清轩根据自有会员数据,在阿里数据银行中寻找相似的潜在客户,然后针对潜在客户进行营销推广,吸引他们到就近的线下门店体验;当潜在客户来到门店后,由导购进行体验服务,并引导他们用手机淘宝扫导购的钉钉二维码。这样,消费者在关注林清轩品牌号的同时成为粉丝,与导购之间也形成了一对一的绑定关系。顾客如果在线上购买了林清轩的产品,与其绑定关系的导购也可获得提成。

林清轩做了一个调研,从会员数据中抽取 1000 位只在天猫旗舰店购买产品的纯线上消费者,想办法将他们导流到线下门店,最终有200位消费者去店里进行了体验。调研得出的结果是:不论这些消费者最终是否在店里购买产品,他们再次回到线上购买时,他们的客单价比过去增加了一倍。在这个过程中,线下导购功不可没。

"手淘+钉钉"的模式还有效解决了导购跳槽带走老顾客的问题。以前导购大多是通过微信与顾客沟通,林清轩导购的离职率约在15%,一旦离职总会带走一批老顾客。现在通过钉钉扫码,把顾客都沉淀在品牌号上,导购通过钉钉给顾客发送消息,顾客在手淘端接收、回复消息,也就不存在带走顾客的问题了。

旧零售时代,门店导购就相当于"坐商",上午9点到12点很可能一个顾客都没有,只能坐等,而现在上午没人的时候导购可以拿着手机做直播。在旧零售时代,林清轩与线下导购是重关联的依存关系,与天猫则是若即若离的关系,新零售重构了品牌、导购、平台之间的关系,将三方结成利益共同体。

林清轩还试点了阿里的"地梭计划",就是通过一些黑科技设备和手段,捕捉线下消费者的行为轨迹,以此分析消费者的购买行为和浏览行为,从而为未来的精准营销提供数据参考。

在与阿里合作新零售之前,林清轩就已开始着手搭建自己的中台系统。中台系统可以快速判断如何减掉相应的库存数量,如何把会员资料以秒级单位反馈到 CRM 系统,如何选择最近的线下发货门店,等等。

2017 年"双 11",林清轩选出 10 家线下门店试验天猫智慧门店项目,结果让所有线下门店惊讶不已:10 家智慧门店平均新增用户 340%,老顾客回购率增长 115%,客单价增长 53%,销售额增长 330%,其中最好的一家智慧门店的销售额同比增长了 5 倍。此外,公司还创下了 16 天新增 80 万粉丝(最多一天带来 10 万粉丝)的历史记录,而林清轩天猫旗舰店从 2013 年成立到 2017 年的四年间,总共才累积了 41.3 万粉丝。

2017 年"双十二",林清轩共有 200 多家门店参与了智慧门店项目,当天销售额超过 1000 万元,业绩增长了近 3 倍。2018 年"三八妇女节"期间,林清轩 400 家线下门店每天平均新增 8720 个粉丝,增长近 7 倍,两个星期增加了 16.8 万粉丝。

从最初的电商部、O2O 到新零售部,再到授权新零售"挟数据以令诸侯",林清轩的每一步组织变革都恰到好处。目前在林清轩的组织架构中,总经理下面分设品牌营销中心、生产科研中心、管理中心。品牌营销中心直接管销售、电商、新零售、市场部等。公司公开授予新零售部特殊的权力,所有关于新零售的运作都听命于新零售部门的统筹安排。但公司的一切决策仍必须遵从品牌定位的大方向——林清轩始终以品牌驱动公司所有业务活动,不管是市场宣传还是营销活动,与品牌相关的文案、视觉呈现等全都由品牌中心统一规划。

与天猫合作推进的各项新零售举措也给林清轩带来了能力上的升级。新零售部总监孙来春总结了品牌拥抱新零售的三个必要条件:明确的品牌定位、过硬的产品品质,以及运营良好的直营门店。

资料来源:新零售商业评论电子版刊载的《林清轩:凭什么赶超国际大牌?》。

除了互联网和零售企业,传统制造企业同样面临重大变革:智能制造。在工业时代,企业战略的核心是占有和获取所有权优势;在数智时代,企业的边界和社会分工等战略管理理念发生了重大变化,智能制造和大数据等技术正在改变企业的资源和需求环境,使产品制造模式、生产组织模式及商业模式等发生根本性变化，从整体上推动企业的战略变革。

智能制造对企业战略的影响体现在从"生产效率"的提升转变为"智能效率"的提升，引发企业制造战略的革命性转变。工业时代，技术变革主要体现在制造材料、装备、工艺、标准等要素上，而智能制造引发的是所有这些要素的根本性转变，因为它是制造知识体系的重大变革。智能制造也使人员在制造过程中的角色和价值权重发生改变，劳动者需要具备高度灵活的处理复杂任务的能力，以及基于高学习能力的适应能力，因此在智能制造下，中低等技能的劳动者会被淘汰，企业需要建立适应智能制造的战略人力资源管理体系。

| 案例 6-3 | 向智能制造转型的美的

美的集团 2012 年启动智能制造转型战略，通过"一个美的、一个体系、一个标准"的业务提升战略和"智能产品 + 智能制造"的业务创新战略，实现了全面的系统集成和数据连通，并在 2018 年初步实现了从大规模制造到智能制造的转型。

智能制造将制造企业的供应链、研发、生产、销售和服务等所有环节整合为一体,改变传统的运作流程和模式,以实现资源的标准化、流程化和数据化。资源标准化是指企业对产品原材料、技术系统和生产运营等资源制定统一标准,强调资源的通用性和模块化。美的集团在进行智能制造的早期阶段发现,对产品原材料而言,不同事业部之间的零部件标准不统一,集团内部存在上百种标准,使采购成本和运营协调成本居高不下,难以实现集团层面原材料的统一管理。而在信息系统方面,每个事业部使用不同的系统,研发、生产、销售等业务环节的系统加起来超过100套,集成化管理无从谈起。因此,美的提出了"一个美的、一个体系、一个标准"的战略目标,从信息系统集成入手,实施统一流程、统一数据和统一系统,最终实现了资源的标准化。

资源的流程化是基于业务流程对各类资源进行重构,既强调资源从产品设计、生产环节到销售环节的互通共享,也强调生产资源和信息资源等各种资源与业务流程高度匹配。实现资源流程化的挑战在于,企业需要进行从业务流程设计到资源架构的整体变革,并兼顾业务流程中资源分配的统一性和灵活性,以实现资源流程化的可操作性。由于美的在家电领域的多元化发展,不同品类的业务流程差异巨大。管理层提出"80%统一，20%差异"的原则，以提炼业务流程的共性。在具体实施时，先在每个业务流程上寻找内部的最优标准，再判断其是否适合作为集团的唯一标准，直到确定最优的流程和标准。然后，再确定数据标准和进行系统功能建设，最后，根据确定的最优流程进行变革。

资源的数据化，主要是指企业生产和运营等所有资源的数据化。其中，最根本的问题是数据是如何产生的。只有保证所有资源都形成数据且实时、连续和客观准确，才有可能形成准确的决策。美的的广州南沙智慧工厂是强调制造资源数据化的典型。

通过资源的标准化、流程化和数据化，制造企业不仅能形成真正意义上的工业大数据，还能打造内外部连通的工业互联网。美的2012年提出"智能产品+智能制造"的战略，首先进行的就是产品和运作的标准化、流程化和数据化，经过六年多的努力，2018年才开始全面实施工业互联网。

资料来源：肖静华，李文韬．智能制造对企业战略变革与创新的影响：资源基础变革视角的探析[J]．财经问题研究，2020（2）：38-46.

数智时代的领导力

从第二次工业革命至今的一百多年里,企业管理理论随着人类对机器的依赖程度而逐渐变化:从20世纪初对福特大规模生产流水线的推崇,到20世纪80年代以人为本的管理理念的回归,管理百年就是一部人与机器的关系史。在科技飞速发展的今天,破解数智时代的规律需要前瞻性思维能力。工业时代的企业管理架构是正三角形,需要顶层设计;数智时代的管理模式是倒三角形,一线员工对市场反馈的决策权最大,企业需要底层设计。

数智时代的领导力成为企业的竞争核心。传统企业的领导者站在较高的位置上号令下属,这与工业时代的信息环境和工作环境是相适应的。但在数智时代架构扁平、柔性的企业中,信息的来源是网状的,几乎每个人都是信息的中心和节点。在这种情况下,一个人居高临下地控制信息、发布信息几无可能。传统企业中领导者凭借权力和职位高低不同导致的信息不对称而获得领导力的做法，在数智时代已经不可持续。构建数智时代的领导力才是智能时代的发展趋势。

在传统的管理理论中，"领导力"一词似乎与工业时代的管理风格和组织结构直接挂钩。数智时代，组织不再是由领导者操控、实现上级意图的机器，领导者并非没有存在的必要，而是其领导角色被赋予了全新的特色。

平台搭建者和资源整合者。数智时代，领导者需要擅长管理和协同跨界的多样性，准确把握客户和一线团队的需求，搭建开放式平台。同时，领导者也需要整合企业内外的资源以实现最优化，统合利益相关方的竞争维度，形成共生合作关系，帮助生态体系内的生态伙伴利用技术系统提升效率，提高管理能力和降低运营成本，变过去的"控制"为如今的"引导"，以确保企业战略的大方向。

变革文化大使和赋能的导师。数智时代，领导者的角色是站在企业文化的高度鼓励、支持和推动变革与创新，让组织的核心能力能够动态地适应VUCA时代的大环境。领导者不基于职位和权威,而是把个人特质、个体特点、任务特点和组织内外环境有机结合,满足共同利益,建立强烈的组织使命感,促进组织持续发展,实现共同目标。另外,创建柔性化、去中心化的组织也要求领导者善于授权,给予员工更大自由度,同时通过引导和教练的方式提升团队的能力,赋能团队、赋能员工。在对个体的培养中,强调成就对方,实现互相成全的共赢。领导者之于个体是导师、教练、朋友、伙伴的综合体。

创新商业模式与优化运营并重。为了在数智时代生存和发展,领导者必须具有前瞻性,动态地思考和设计企业的商业模式,提高各个组织之间的协作维度,统合生态伙伴的信任,以形成合力。同时,卓越运营依然是提升竞争力的重要因素,领导者在应用新技术和数字化转型方面起着关键作用。

创造长期价值与关注短期机会并重。数智时代,企业与客户的关系更为开放,更加注重以服务为基础,企业与客户的互动模式从过去的低频随机接触向基于大数据的精准定制接触转变。同时,数智时代的机会往往突如其来、转瞬即逝,领导者需要具备很强的灵活性,能够将与客户建立长期关系的能力与敏捷的即时响应能力相结合。

理解产品技术与专注产品价值并重。数智时代的领导者需要及时跟踪新技术而不落伍，并善于将新技术与所在领域的工作相结合。即使是数智时代，顾客一般也不会将技术本身视为购买目的，而是寻求产品功能等方面的增强。因此，领导者需要有深刻的技术理解力，并运用这种理解力预见和开创能提升用户体验与创造附加价值的新业务。

第7章 五星模型助力人才发展

数智时代的新挑战

阿里巴巴是做交易平台、支付、物流、影视的，还是卖生鲜的？腾讯是做即时通信、游戏、支付、影视、阅读平台的，还是做音乐的？美团是做休闲娱乐信息分享、在线旅游相关服务、外卖的，还是做共享单车的……在数字技术和智能互联网络的助推下，很多企业开始进入相互连接但截然不同的领域，这种趋势使得行业与行业之间的边界变得越来越模糊。

优步（Uber）和滴滴挖掘私家车闲置资源，让私家车车主充分利用车辆的闲置时间，变成为乘客提供服务的司机，乘客享受到便捷、价格优惠的出行服务，私家车车主也得到回报。在这个持续创造供给和需求的过程中，生产者和消费者之间的边界也变得模糊，今天提供服务的滴滴司机明天也可能是别的滴滴司机车上的乘客。

当私家车车主提供服务时，他是滴滴公司的非全职人员，但他又不完全属于滴滴这个组织；疫情期间，盒马与众多餐饮企业达成共享员工合作……在这些场景中，组织的边界同样变得模糊。

所有这些边界模糊的根源在于，商业竞争的核心已从价格战、质量竞争变为客户体验和客户满意度。这改变了商业世界的游戏规则、各行业的属性，以及企业所置身的关系格局。企业与企业之间为了竞争必须协作，只有建立平等互利的竞合关系，才能为客户创造更高价值，并获得共赢。数字技术的发展也使得不同行业、不同企业之间的合作与协作成为可能。在企业内部，上下级之间、部门与部门之间的各种壁垒必须打破，以便推进信息在企业内的传递和共享，提升企业内部的协同效应，为客户提供更好的服务。企业与员工之间传统的雇佣关系也无法适应新时代，新生代员工与前几代人员完全不同的工作驱动力也助推了两者关系的转变。企业需要与员工建立平等、互信、互利、可持续的合伙人关系，才能充分发挥员工的积极性和创造性，而这正是企业发展的最大动力。

这一切对企业领导者和管理人员来说无疑构成了巨大挑战。过去的人才发展理念和人才管理经验已无法应用到企业实践的各个场景。新时代带来的新挑战，呼唤新的解决方案。

五星模型：一个解决方案

人才发展五星模型，正是致力于打造数智时代组织能力的一个工具。该模型的每个维度或元素都与提升数智时代组织人才发展的能力息息相关，同时各个维度之间又相互促进、相互匹配，有助于提升企业的组织效能，继而形成组织独特的核心竞争力，最终帮助组织实现自己的战略目标以及可持续发展。

需要注意的是，数智时代的人才发展五星模型的五个维度并无定式，其主要作用是提供基本架构，具体实施中，每个企业和行业都要根据自己的实际状态来考量人力资源的发展和人才战略的建立。

企业文化维度

企业文化表现为组织所倡导和遵行的价值观，并通过各种制度，尤其是行为规范，传递给各级员工，进而形成某种组织氛围。组织的价值观决定了组织追求的目标和员工的行为取向，而组织氛围有助于促使员工接受和践行组织的价值观。在新关系格局中，企业文化需要倡导赋能、利他和共赢的价值观。赋能的企业文化有利于赋能合作伙伴，以增强企业在生态系统中的竞争优势，从而更好地服务于客户。赋能的企业文化有利于赋能员工，激发员工的自主性，为客户和企业创造价值，同时实现自我价值，这样的激励效果远超传统利益驱动的激励手段。利他的文化是"为客户创造价值"文化的升级版，它顺应了新关系格局，将"客户"范畴扩展到公司内部其他部门以及上下游的合作伙伴。共赢的文化契合新关系格局，它使得多方利益分配更合理，也使各利益群体的需求都得到最大化满足。

团队建设维度

团队建设是打造组织能力的核心。团队建设的目标是找到适合的人才，让他们各尽所能，从而打造出高绩效团队。在数智时代，企业必须更快地适应外部和内部快速变化的环境。作为组织或团队完成目标、达成高绩效的基石，人才招募的标准、工具，以及人才与组织的合作方式都需要与时俱进。人工智能在所有领域的应用潜能都很巨大,在招募人才方面也不例外,不仅能提高招聘效率,更重要的是,算法的强大功能可大大提升人才与组织的匹配度。虚拟团队是企业与员工之间关系更为多样化的结果,新冠肺炎疫情则见证了它的必要性。它能使组织更为灵活,也更为高效。

知识共享维度

知识共享是人才发展战略的助推器:一方面,它将员工的个体知识汇集成组织知识,并沉淀为组织能力提升的基础;另一方面,它促进员工之间的沟通与交流,有利于提高员工的绩效,提升员工自我价值。数智时代的知识共享还包括组织与组织之间的共享,这是共赢所必需的。适合的企业文化、绩效管理和组织结构都对知识共享起到推进作用。

绩效管理维度

绩效管理是人才战略的衡量手段,它可以检验人才战略的科学性和有效性,为企业灵活、适时地调整人才战略和人才发展方向提供依据。数智时代,传统绩效管理的各种局限性凸显,数字化绩效管理体系基于数字化和智能化的技术，具有公平性、实时性、多元性和系统性的优势，能做出精确和精细的评估，并实时反馈给员工，持续改善员工的行为和绩效，充分发挥其作为持续提升员工、团队和组织绩效，并实现组织目标工具的作用。

组织发展维度

组织发展是实施人才战略的保障，它为员工施展才能提供了有力的平台和支持。组织边界的变化必然影响组织的架构，因为架构决定部门与部门的关系、人与人的关系、责权利的界定。组织扁平化和柔性化是组织边界模糊所带来的，也是新型的企业内部关系及企业与员工关系的直接体现。同样，组织要适应商业世界规则的迅速变化，必须具备变革管理能力。面对宏观和微观层面的种种挑战，数智时代的领导者需要有能力搭建平台、整合资源、不断创新、协同管理和协助赋能。

今天，组织最大的挑战是商业世界快速变化所产生的持续的不确定性。作为打造组织能力、赋予组织更强适应能力和变革能力的工具，新五星模型将会大有所为。相信，坚持创新，从各个维度进行变革、与时俱进的企业，终会实现战略目标，并持续成长。

实施和应用的关键

整体观

从以上对五星模型的五个维度所做的总结可知，它们相对独立又相互联系。所谓牵一发而动全身，每一个维度的推进必须考虑其他维度的实际情况，要避免过于强调某一维度而忽视其他维度，出现拖后腿的短板。比如，想要有好的知识共享的机制，除了要有相应的信息系统、知识源泉和传播渠道外，企业文化也要鼓励分享与合作的价值观和行为导向。否则，观念上对共享是排斥的，则所谓知识共享只能停留在口号上。同时，绩效管理中评估体系和激励机制也要体现团队导向。如果实施的是基于个人业绩的评估和激励机制，即便构建了很多的知识源泉和传播渠道，员工也还是会碍于个人利益不愿分享。总之，理解和运用五星模型首先要抱有整体的、动态的观念,否则容易一叶障目。

战略高度

实施和运用五星模型,必须要有战略高度,始于战略,终于战略。企业应该根据战略规划调整相应的维度,促进从高层到基层的人才发展,最终实现企业战略或阶段目标。如果五星模型仅在单一部门或层级实施和应用,则难以发挥它的最大效用。况且,组织发展、企业文化等要素本身就是组织层面的核心管理要素。有战略高度还意味着自上而下地实施和贯彻。尽管组织形式趋向扁平化,但组织的发展还是要靠高层的推动和以身作则,否则会流于形式不受重视。

有效落实

毋庸置疑,企业各项决策的成功与否关键在于是否能够从高层到基层都得到有效贯彻。五星模型全面而动态地覆盖到各种管理要素,如若缺乏执行力,很难真正得到有效实施。影响有效落实的因素有两种:一是从高层的决策层到中基层的执行层的传递过程中发生的纵向折扣;二是在时间上先后出现的"雷声大,雨点小"等有始无终的情况。因此，在运用五星模型时，首先要有合适的预判，做出正确的决策，之后如无特殊情况，不宜轻易变动。同时，高层领导者要从自身开始，将创新、变革以及人才发展的观念贯彻到各级管理层和员工，方能善始善终。

总之，在如今的数字化、智能化时代，人才发展五星模型在实施上可能会遇到这样或那样的挑战，但企业只要不断地在实践中加以运用，并尽快找到最适合自己的方式和方法，最终便可使其发挥应有的作用，帮助企业更好地在新时代的商业环境中焕发勃勃生机，获得健康而又长久的发展。